ANOMIA
Ruptura civilizatória
e sofrimento psíquico

COLEÇÃO "CLÍNICA PSICANALÍTICA"
Títulos publicados

1. Perversão — Flávio Carvalho Ferraz
2. Psicossomática — Rubens Marcelo Volich
3. Emergências Psiquiátricas — Alexandra Sterian
4. Borderline — Mauro Hegenberg
5. Depressão — Daniel Delouya
6. Paranoia — Renata Udler Cromberg
7. Psicopatia — Sidney Kiyoshi Shine
8. Problemáticas da Identidade Sexual — José Carlos Garcia
9. Anomia — Marilucia Melo Meireles
10. Distúrbios do Sono — Nayra Cesaro Penha Ganhito
11. Neurose Traumática — Myriam Uchitel
12. Autismo — Ana Elizabeth Cavalcanti / Paulina Schmidtbauer Rocha
13. Esquizofrenia — Alexandra Sterian
14. Morte — Maria Elisa Pessoa Labaki
15. Cena Incestuosa — Renata Udler Cromberg
16. Fobia — Aline Camargo Gurfinkel
17. Estresse — Maria Auxiliadora de A. C. Arantes / Maria José Femenias Vieira
18. Normopatia — Flávio Carvalho Ferraz
19. Hipocondria — Rubens Marcelo Volich
20. Epistemopatia — Daniel Delouya
21. Tatuagem e Marcas Corporais — Ana Costa
22. Corpo — Maria Helena Fernandes
23. Adoção — Gina Khafif Levinzon
24. Transtornos da Excreção — Marcia Porto Ferreira
25. Psicoterapia Breve — Mauro Hegenberg
26. Infertilidade e Reprodução Assistida — Marina Ribeiro
27. Histeria — Silvia Leonor Alonso / Mario Pablo Fuks
28. Ressentimento — Maria Rita Kehl
29. Demências — Delia Catullo Goldfarb
30. Violência — Maria Laurinda Ribeiro de Souza
31. Clínica da Exclusão — Maria Cristina Poli
32. Disfunções Sexuais — Cassandra Pereira França
33. Tempo e Ato na Perversão — Flávio Carvalho Ferraz
34. Transtornos Alimentares — Maria Helena Fernandes

35. Psicoterapia de Casal	Purificacion Barcia Gomes e Ieda Porchat
36. Consultas Terapêuticas	Maria Ivone Accioly Lins
37. Neurose Obssesiva	Rubia Delorenzo
38. Adolescência	Tiago Corbisier Matheus
39. Complexo de Édipo	Nora B. Susmanscky de Miguelez
40. Trama do Olhar	Edilene Freire de Queiroz
41. Desafios para a Técnica Psicanalitica	José Carlos Garcia
42. Linguagens e Pensamento	Nelson da Silva Junior
43. Término de Análise	Yeda Alcide Saigh
44. Problemas de Linguagem	Maria Laura Wey Märtz
45. Desamparo	Lucianne Sant'Anna de Menezes
46. Transexualismo	Paulo Roberto Ceccarelli
47. Narcisismo e Vínculos	Lucía Barbero Fuks
48. Psicanálise da Família	Belinda Mandelbaum
49. Clínica do Trabalho	Soraya Rodrigues Martins
50. Transtornos de Pânico	Luciana Oliveira dos Santos
51. Escritos Metapsicológicos e Clínicos	Ana Maria Sigal
52. Famílias Monoparentais	Lisette Weissmann
53. Neurose e Não Neurose	Marion Minerbo
54. Amor e Fidelidade	Gisela Haddad
55. Acontecimento e Linguagem	Alcimar Alves de Souza Lima
56. Imitação	Paulo de Carvalho Ribeiro
57. O tempo, a escuta, o feminino	Silvia Leonor Alonso
58. Crise Pseudoepiléptica	Berta Hoffmann Azevedo
59. Violência e Masculinidade	Susana Muszkat
60. Entrevistas Preliminares em Psicanálise	Fernando José Barbosa Rocha
61. Ensaios Psicanalíticos	Flávio Carvalho Ferraz
62. Adicções	Decio Gurfinkel

Coleção Clínica Psicanalítica
Dirigida por Flávio Carvalho Ferraz

ANOMIA
Ruptura civilizatória
e sofrimento psíquico

Marilucia Melo Meireles

Casa do Psicólogo®

© 2001, 2012 Casapsi Livraria e Editora Ltda.
É proibida a reprodução total ou parcial desta publicação, para qualquer finalidade, sem autorização por escrito dos editores.

1ª Edição
2001

2ª Edição
2012

Diretor Geral
Ingo Bernd Güntert

Editora-chefe
Juliana de Villemor A. Güntert

Gerente Editorial
Marcio Coelho

Coordenadora Editorial
Luciana Vaz Cameira

Assistente Editorial
Maria Fernanda Moraes

Editoração Eletrônica
Najara Lopes

Produção Gráfica
Fabio Alves Melo

Coordenador de Revisão
Lucas Torrisi Gomediano

Adaptação Ortográfica e Revisão Final
Rhamyra Toleto

Projeto Gráfico da Capa
Yvoty Macambira

Dados Internacionais de Catalogação na Publicação (CIP)
(Câmara Brasileira do Livro, SP, Brasil)

Meireles, Marilucia Melo
 Anomia : ruptura civilizatória e sofrimento psíquico / Marilucia Melo Meireles. - 2. ed. São Paulo : Casa do Psicólogo, 2012. – (Coleção clínica psicanalítica/dirigido por Flávio Carvalho Ferraz)

Bibliografia
ISBN 978-85-8040-108-0

1. Anomia 2. Ciências sociais e psicanálise. I. Título II. Ferraz, Flávio Carvalho III. Série

12-0043

Índices para catálogo sistemático:
1. Anomia – teoria psicanalítca – psicologia 150.195

Impresso no Brasil
Printed in Brazil

As opiniões expressas neste livro, bem como seu conteúdo, são de responsabilidade de seus autores, não necessariamente correspondendo ao ponto de vista da editora.

Reservados todos os direitos de publicação em língua portuguesa à

Casapsi Livraria e Editora Ltda.
Rua Simão Álvares, 1020
Pinheiros • CEP 05417-020
São Paulo/SP – Brasil
Tel. Fax: (11) 3034-3600
www.casadopsicologo.com.br

Para meus amores:
Brunno e Tatianna

Sumário

AGRADECIMENTOS 11

PREFÁCIO,
POR MARCO AURÉLIO F. VELLOSO 13

APRESENTAÇÃO 15

1 - A CRISE NA PRÁTICA CLÍNICA: NÃO HÁ PACIENTES COMO OS
DE ANTIGAMENTE 23
A clínica em questão 28
O ouro puro da psicanálise e o cobre da psicoterapia para
o povo 36
Do óbvio para o simples: o desafio da clínica 40
A terminologia em questão 47
Crise e produção teórica 60

2 - A ANOMIA 87
História do conceito e seu uso em Durkheim 91
Evolução do conceito em Merton 101
Uma visão atual da anomia 105
A anomia na transição do milênio 111

3 - ANOMIA, LEI E PSICANÁLISE 117
Édipo, pacto social e anomia 120
A perda dos valores clássicos nas culturas individualistas 128

A TÍTULO DE CONCLUSÃO 133

REFERÊNCIAS BIBLIOGRÁFICAS 141

Agradecimentos

Sou grata a todos que estimularam e contribuíram, de diversas maneiras, para a realização deste trabalho.

Agradeço especialmente a Flávio Carvalho Ferraz, que leu este texto por ocasião de sua defesa apresentada em solo acadêmico e possibilitou sua publicação. Da mesma maneira, agradeço à Dra. Jussara F. Brauer e à Dra. Maria Helena Oliva, pela aposta nesta tarefa de mestria.

Ana Lofreddo, Miriam Chnaiderman, Sonia C. Pitta e Marco Aurélio F. Velloso foram os interlocutores fundamentais com quem tive a oportunidade de dialogar as principais ideias, perplexidades e obscuridades deste livro.

Aos meus pais, Lourdes e Déda (*in memoriam*), que me deram o contorno do exercício da liberdade.

Ao Dr. Cesar Augusto Ottalagano, pelos primeiros e decisivos passos na psicanálise.

Aos colegas e amigos, que, em diferentes momentos, testemunharam meus "desabafos": Lilian Quintão, Cecília Hirchzon, Natalina Mutarelli, Eduardo e Enoi, Dodora, Dora Kalef, Sergio Zlotnic, Joveni Pimenta, Janete Frochtengarten e Irajá Pimentel.

Agradeço também ao Dr. Isaías Melsohn, a Geraldino Alves e a Luís Carlos Menezes.

Aos meus analisandos e supervisionandos, que sempre me recordam Guimarães Rosa: "a colheita é comum, mas o capinar é sozinho".

Prefácio

Prefaciar este livro de Marilucia causa-me muita alegria.

Conheço-a desde 1983, quando começamos juntos a estudar o "Projeto" de Freud, e, desde então, venho acompanhando sua evolução como psicanalista.

Sua clínica caracteriza-se pela vitalidade de seu caráter, pela dedicação competente aos seus pacientes, e por um traço de coragem que a todo momento exterioriza a força paciente de sua sensibilidade feminina.

Talvez tenha-me cabido o papel de interessá-la inicialmente sobre este tema, quando me veio com a frase que agora também intitula o primeiro capítulo deste trabalho: "não há pacientes como os de antigamente".

O modo como foi capaz de tomar em suas mãos a questão da anomia e a forma conscienciosa com que foi em busca das referências teóricas, indispensáveis ao seu aprofundamento, são típicas de seu modo de fazer e de estudar.

O resultado importante dessa sua contribuição foi a de estabelecer bases sólidas para o tratamento desse tema, daqui para a frente, no âmbito da Psicanálise.

E o fez de forma muito elegante, resgatando a originalidade da concepção psicossocial da constituição do sujeito em Freud.

Ao retomar as ideias de Hélio Pellegrino sobre a relação entre pacto social e pacto edípico – por coincidência, coube--me prefaciar o livro no qual, pela primeira vez, seu artigo foi publicado –, a elas acrescentando o conceito de anomia, Marilucia encontra a chave para se pensar o conflito edipiano de modo reverso: na direção da sociedade para o plano individual do ser humano adulto.

De fato, essa ideia é de uma simplicidade espantosa: permite a superação da aporia diante da obviedade das manifestações de mal-estar contemporâneas, e institui campo fértil para a continuidade da investigação desse tema na Psicanálise, já que as ciências sociais, como ela bem diz, parecem ter esgotado a capacidade de contribuir para ele no seu âmbito específico.

Abre também um outro espaço para a compreensão da relação analítica: ante as condições anômicas, há a necessidade de recuo do indivíduo à intimidade e à privacidade, para a lenta reconstrução da credibilidade perdida na norma social rompida.

O espaço analítico, nessas circunstâncias, adquire uma conotação nova: lugar de jogar conversa fora, de perder tempo para ganhar tempo, de bater papo ao pé do ouvido, de matutar sobre a vida, as pessoas e as relações, enfim, de redescobrir o mundo social que está lá fora.

Marco Aurélio F. Velloso

Apresentação

Nos últimos anos, na participação em congressos, na apreciação de publicações e trabalhos de colegas e no decorrer do exercício da atividade clínica, tenho tido a oportunidade de constatar que a Psicanálise passa por um momento curioso. Por um lado, a linguagem psicanalítica é chamada a descrever fenômenos sociais e culturais e mesmo algumas produções artísticas. Categorias como inconsciente, desejo, narcisismo, perversão são empregadas para examinar – por exemplo – fenômenos de cultura de massa.

A imprensa escrita utiliza, em larga escala, expressões e conceitos advindos da Psicanálise. Assim, atribui-se à Psicanálise um referencial teórico sólido e um lugar relevante na produção cultural.

Esse movimento em direção a temas alheios à Psicanálise tradicional é simultâneo a outro, nascido no interior mesmo da comunidade psicanalítica, que questiona as categorias clássicas, algumas mencionadas acima.

Esse questionamento tem, no meu entender, uma dimensão relacionada à prática clínica. Esta vai testemunhando, nos últimos tempos, uma inadequação entre a representação que herdamos do paciente surgido com a psicanálise e os pacientes que recebemos hoje em nossos consultórios.

De fato, as mudanças vertiginosas sofridas nas últimas décadas, próprias de um mundo em transformação, estão fortemente presentes em qualquer prática clínica, seja em consultórios, seja em instituições. Assim, enquanto alguns psicanalistas contribuem para o alargamento do campo de abrangência da Psicanálise, outros tratam de refletir sobre as possíveis insuficiências teóricas e técnicas para atender às novas demandas de atendimento clínico.

O presente ensaio, originário de minha dissertação de mestrado, pretende examinar esse contexto. O ponto de vista adotado, entretanto, não é documental, nem histórico. Parte da inquietação que compartilho com muitos psicanalistas, quando constato, há tempos, mudanças nas queixas dos pacientes em meu próprio consultório.

Estive também atenta aos reflexos – do que denominei "crise na clínica psicanalítica" – nas publicações especializadas e nos jornais. Acompanhei com interesse os ensaios que procuraram refletir sobre esses pacientes "rebeldes", seja dialogando com a teoria clássica, seja criticando a técnica. Enfim, como membro da comunidade psicanalítica, sempre senti a crise muito presente, em minha prática profissional e na reflexão que a acompanha.

Consciente da abrangência ampla do tema, optei por um recorte que procura ilustrar esse contexto retratando-o em certos setores nos quais a psicanálise está presente. Tal é o conteúdo do capítulo 1.

Esse capítulo contém, além da exposição de minhas próprias inquietações, um relato de diversas tentativas de lidar com essa crise que venho acompanhando. A inserção de psicanalistas nas equipes multidisciplinares é uma delas: iniciativa corajosa, ainda que mergulhada em preconceitos.

Examino também algumas transformações sociais: novas organizações familiares, novas formas de lazer, inovações nos atendimentos psicoterápicos, e lanço a hipótese de que são necessárias novas abordagens técnicas – por exemplo, no conceito de sintoma – para analisar as demandas desses pacientes.

A seção "A terminologia em questão" desenvolve a hipótese de que a proliferação recente de novas categorias nosográficas é uma tendência que visa a incluir os pacientes "rebeldes" dentro da categoria de analisáveis.

Finalmente, analiso ensaios de alguns psicanalistas sobre a técnica, com o objetivo de ilustrar a produção teórica própria deste momento e de estabelecer um solo para interlocução.

A análise desses textos revelou formas extremamente variadas de lidar com a crise. Assim, os psicanalistas cujos textos examinei, que buscaram reformular as concepções teóricas, puseram a tônica de suas críticas na transmissão institucional da psicanálise ou na escuta aprisionada do imaginário específico de uma classe social, ou em uma concepção estreita de interpretação.

No entanto, de meu ponto de vista, nenhum deles acolhe, em suas considerações, o fato de que esses pacientes trazem para nossos consultórios uma forma de ser atravessada por mudanças que refletem quase um salto civilizatório, na medida em que representam um novo modo de pensar, uma forma nova de estar no mundo dos homens, em comunicação com os demais seres vivos sobre este planeta, além de transformações significativas nas relações de produção, sem falar dos novos recursos da tecnologia que invadem nosso cotidiano. Esse fato é um dado novo, que deve ser considerado em sua radical originalidade.

Para examiná-lo, recorri a Émile Durkheim, sociólogo contemporâneo de Freud, que viveu na França da *Belle Époque*. Mais exatamente, fiz uso de uma noção introduzida por ele para examinar efeitos de grandes transformações socioeconômicas: a anomia.

O capítulo 2, que se inicia com uma breve apresentação histórica do diálogo entre a Psicanálise e as ciências sociais, apresenta essa noção dentro da sociologia de Durkheim (1969) e de Merton (1970).

A anomia, segundo Durkheim (1969), é o resultado da ruptura entre objetivos individuais culturalmente estabelecidos e os meios socialmente instituídos para alcançá-los – situação que tanto pode ser provocada por grandes alterações socioeconômicas, como por transformações inerentes ao processo de industrialização próprio da revolução industrial (na França, Durkheim é contemporâneo dela). Após um breve estudo das ideias de Durkheim com as quais o conceito está relacionado, passo a examinar sua evolução em Merton (1970).

Para esse autor o conceito sociológico adquire uma dimensão psicológica, adequada a meu objetivo nesta abordagem que faço da crise da clínica atual.

Para ele, a própria cultura pode levar "os indivíduos a centrar suas convicções emocionais sobre o complexo de fins culturalmente proclamados, com muito menos apoio emocional para os métodos prescritos para alcançar tais fins" (p. 208). Essas ideias são utilizadas para compreender a amplitude da crise da sociedade contemporânea.

Finalmente, era necessário relacionar essa descrição da superestrutura social com a teoria e a técnica psicanalíticas.

Parsons (1968), sociólogo norte-americano, foi talvez o primeiro pensador a relacionar explicitamente Freud e Durkheim. Para ele, toda a teoria durkheimiana da anomia apoia-se sobre uma oposição fundamental: de um lado os desejos individuais e, de outro, as regras sociais, "interiorizadas para formar o supereu". A uma estrutura normativa perturbada corresponderiam, segundo esse autor, condutas individuais alteradas.

A socióloga Heloisa Rodrigues Fernandes (1996) inspira-se nesse trabalho de Parsons para desenvolver a articulação aí proposta. Em seu artigo "Um século à espera de regras", ela sugere que "as regras só são ativas porque psiquicamente inscritas". Nas sociedades modernas, esse processo estaria prejudicado, pois os valores que definem a modernidade, sendo predominantemente individualistas, não ofereceriam alternativa à consciência coletiva das sociedades pré-modernas. Essa socióloga vê a anomia como "degradação da encarnação psíquica do Outro", desse Outro próprio da modernidade.

As sociedades modernas realizariam, dessa forma, o reino da "guerra de todos contra todos", de "individualismo puro" que, para Durkheim (1969), corresponde ao grau máximo de anomia na sociedade.

O artigo de Fernandes (1996) oferece, portanto, uma possibilidade de articulação entre os dois polos conceituais da teoria durkheimiana: desejos e regras dialogam no interior da teoria psicanalítica, por meio da noção de Outro.

Essas ideias são empregadas na última seção, para avançarmos na compreensão do papel da anomia no mundo contemporâneo a partir da análise da crise da sociedade urbana brasileira.

O capítulo 3 apresenta um conhecido trabalho de Hélio Pellegrino, "Pacto edípico e pacto social", publicado na década de 1980. Após retomar em seu texto o momento de estruturação edípica, esse autor postula um segundo momento de confirmação da renúncia pulsional instintiva, que reitera a primazia do princípio da realidade. Já adulto, o indivíduo aceitaria o pacto social, estruturado em torno do trabalho. Quando esse pacto não pode ser mantido, ocorre a ruptura, de um ponto de vista inconsciente, do pacto edípico.

Seu texto, que se nutre das contradições crescentes da sociedade brasileira da época – para a qual o processo de abertura não parecia significar uma diminuição das desigualdades sociais –, continua atual. Fornece elementos para pensar essa aparente recusa monolítica de civilidade, própria dos excluídos sociais.

Meus objetivos, ao apresentar esse texto de Pellegrino (1987), foram retomar um ponto de vista que teorizou sobre esses fenômenos anômicos – apesar de não ter usado essa expressão, teve eco na comunidade psicanalítica –, e apontar os limites dessa leitura, para a qual a noção de trabalho é essencial.

A seção seguinte discute os fenômenos anômicos no contexto das culturas do individualismo, dentro do esquema teórico proposto por Fernandes (1996). Para ela, o imperativo *"goze"* do Outro estaria regendo a grande orquestra das sociedades atuais.

Essa visão é suficientemente ampla para examinar os fenômenos que me interessam: a consideração de valores próprios das culturas narcisistas permite compreender, por exemplo, comportamentos primariamente delinquentes, como os de adolescentes que nunca demonstraram interesse em ingressar no mercado de trabalho.

A título de conclusão, procurei fazer uma síntese dos vários momentos deste ensaio e das inquietações das quais ele nasceu. Estou consciente das dificuldades de tradução da articulação da socióloga Fernandes (1996) para uma técnica psicanalítica. No entanto, reconheço que essa posição tem o mérito de oferecer uma alternativa à posição nostálgica da cultura clássica, centrada em ideais sociais claros. Para nós, psicanalistas, essa alternativa abre a possibilidade de acolher a anomia em nossos consultórios, liberando-nos para uma escuta mais afinada com os tempos presentes.

Cabe uma última palavra quanto à redação: quando, neste trabalho, uso a primeira pessoa do singular, quero referir-me a pensamentos, situações, experiências que considero particulares. Quando utilizo a primeira pessoa do plural, refiro-me a pensamentos e situações que considero peculiares à categoria de psicanalista, ou, de um modo geral, comuns à maioria dos psicanalistas.

1.

A CRISE NA PRÁTICA CLÍNICA: NÃO HÁ PACIENTES COMO OS DE ANTIGAMENTE

A Psicanálise nasceu e cresceu dentro do cenário sociocultural austríaco. Vários autores, historiadores e psicanalistas debruçaram-se sobre sua origem, tecendo as mais diversas considerações.

Renato Mezan (1996) examina essa problemática em "Viena e as origens da psicanálise", e conclui que traçar o panorama das ideias e dos movimentos de Viena da *Belle Époque* e situar a Psicanálise como parte integrante dele não é simples, porque sobre essa intenção incidem pelo menos dois problemas: não é tão evidente que exista uma relação entre Freud – como habitante de Viena e homem de seu tempo – e sua produção, bem como dessa última com a produção cultural da época, suas características e seus sentidos.

Retomando as concepções presentes em Bruno Bettelheim (1991) e Peter Gay (1989) sobre esse período histórico, Mezan (1996) expõe em detalhes essas dificuldades. A primeira concepção, a de Bettelheim (1991), parte de uma caracterização da cultura vienense para nela inserir a origem da Psicanálise. O apoio para tal opinião estaria na constatação de que o ápice cultural de Viena coincidiu com o declínio do Império Austro--Húngaro. A simultaneidade do pior e do melhor explicaria porque a Psicanálise, baseada na compreensão de temas como o da ambivalência, histeria e neurose obsessiva, se originou em Viena.

Peter Gay (1989), ao contrário, não considera adequado atribuir a Viena alguma influência sobre a teoria psicanalítica, "como se Freud jamais pudesse ter feito suas descobertas em Munique, muito menos em Berlim" (p. 75). Segundo Mezan (1996), Peter Gay vai demolindo um a um os nexos entre psicanálise e Viena, ao questionar esse "mito mal-informado" – que não seria partilhado por Bettelheim (1991) com muitos outros autores –, e enfatiza, como um dos pontos a ser considerado, a clientela de Freud que era vasta e variada.

É opinião de Mezan que

> [...] quando se vê a cultura vienense no seu conjunto, o nexo entre Freud e certos aspectos dela é óbvio; quando se parte de Freud como pesquisador de carne e osso, o "nexo" se torna cada vez mais obscuro, e na opinião de Gay tão tênue, que não podemos mais lhe atribuir qualquer importância: pois há outros nexos, bem mais significativos, a serem apontados na trama das condições cuja combinação presidiu a invenção da psicanálise. (p. 76)

Mezan (1996) é adepto da concepção – atribuída a Hegel – de "que as diversas criações de uma época são solidárias entre si e como que complementares umas às outras" (p. 77). Recusa-se, portanto, a manter as proposições desses dois autores isoladas, propondo-se a expor, retrabalhar e articular os argumentos de cada uma delas. Para ele, é frutífero examinar as relações da Psicanálise com essa "experiência social compartilhada no sentido mais amplo"[1].

Para Bettelheim (1991), o solo fértil teria sido o período de 1870 a 1914, correspondente à desintegração do império e seu extraordinário desenvolvimento cultural. Com as derrotas militares, a Áustria perdeu a hegemonia que desfrutara durante séculos. As crises econômicas, ligadas à implantação frágil do capitalismo perante a estrutura feudal ainda vigente, os conflitos provenientes da diversidade étnica, a emergência de outros centros importantes, como Berlim, foram as causas prováveis da derrocada do império.

Ainda segundo Bettelheim (1991), as elites culturais, diante dessas mudanças, elegeram "o mundo interno" como o lugar de interesse e preferência, o que originou diferentes abordagens acerca da vida psíquica, sendo uma delas a Psicanálise.

"O hedonismo" – diz Mezan (1996) – "marcará o fim do século na capital austríaca: hedonismo esteticista, sombrio, amargo e no fundo desesperado, na versão das 'elites';

---

[1] Schorske *apud* Mezan (1996), p. 77.

hedonismo vulgar e superficial, na versão das 'massas'. E, em ambas, vislumbra-se a presença de um vínculo essencial entre o sexo, a loucura e a morte. [...] Do lado da negação pelo divertimento, o laço entre sexo, loucura e morte se faz presente pelo avesso, na alegria rasa, na euforia demasiado efervescente das operetas [...], na atmosfera de polidez jovial e de hipocrisia moral que caracterizava o cotidiano vienense, e que justamente os artistas mais lúcidos iriam desnudar em suas criações". (p. 79-80)

"E Freud?", pergunta o autor. Atendia seus pacientes oriundos dessa atmosfera.

Aprendeu a escutá-los, inventou um método terapêutico e uma teoria que procuravam dar conta do imenso custo psíquico necessário para manter uma negação de proporções tão maciças: custo evidenciado pela "doença dos nervos" chamada histeria, cujo mecanismo essencial reside na repressão dos desejos e fantasias sexuais e em sua substituição pelos sintomas que lhe traziam seus (e suas) pacientes. [...] Neste sentido, o da "experiência social compartilhada, em sentido amplo", a psicanálise seria bem filha de Viena, porque o que ela afirma da vida humana se encontraria como que concentrado e potencializado pelas condições únicas ali reunidas. Ela faria obviamente parte dos esforços das "elites culturais" para compreender o mundo interior, e teria sido mesmo, quem sabe, o mais bem-sucedido destes esforços, porque ultrapassou largamente o seu berço original para se converter numa prática e numa teoria das mais influentes no nosso século. (p. 80)

Como já observei, Viena vivia a simultaneidade do pior e do melhor. Havia importantes publicações nas áreas de literatura e poesia, exposições de artes, estreias de óperas – uma vida cultural diversificada e agitada.

De outro lado,

[...] o caos se aproximava, [...] uma sensação de fim de mundo (e de fim de um mundo) espalhava-se surdamente pela sociedade, que dela se defendia como podia – inclusive produzindo histerias numa velocidade e numa concentração espantosas. Esta curiosa simultaneidade seria propícia à descoberta da ambivalência, porque a exibia das mais variadas formas e com freqüência impressionante – e, portanto, estavam dadas as condições para que surgisse um Freud e inventasse a psicanálise, dando voz e conceito àquilo que se encontrava difuso pelas entranhas da vida mental e social, ao mesmo tempo em que extravasava por todos os poros desta mesma vida mental e social. (Mezan, 1996, p. 81)

Apesar de concordar em parte com as teses de Bettelheim (1991), Mezan (1996) acha difícil encontrar, entre os escritos de Freud, algo que possa ser diretamente atribuído à desintegração que atingia a Áustria naquela época. De fato, para ele, deve ser atribuído um peso maior à história pessoal de Freud, principalmente no que se refere às formulações psicanalíticas iniciais.

Ao esboçar rapidamente essas teses sobre o nascimento da Psicanálise, espero ter demonstrado que estabelecer uma relação entre o panorama sociocultural de Viena na época de Freud e o nascimento da Psicanálise é tarefa ingrata, sobre a qual existe pouca unanimidade.

Para atingir o propósito de examinar as semelhanças e diferenças entre aquela atmosfera e o que se passa hoje nos consultórios de psicanálise, retenho apenas o clima de hedonismo generalizado e a mais do que frequente característica histérica do paciente daquela época.

A clínica em questão

"É demasiadamente difícil analisar", diz Stein[2], parafraseando Freud, ao qualificar nosso ofício como impossível. Concordando com ele, acrescentaria que não há mais pacientes como os de antigamente.

Empreendendo uma leitura do conjunto de minha clínica e acompanhando o movimento psicanalítico atual, cada vez mais constato que as mudanças vertiginosas sofridas nas últimas décadas, próprias de um mundo em transformação, estão

---

[2] Stein *apud* Mannoni (1991), p. 23.

fortemente presentes nos consultórios, nas instituições ou mesmo na leitura mais frugal da vida cotidiana.

Se, na época de Freud, os sintomas encobriam toda uma vida, rica de segredos, sob uma face muitas vezes não sexualizada, atualmente o discurso de nossos pacientes descreve uma sexualidade explícita e diversificada. Sennett (1998) afirma que, nas últimas quatro gerações, o amor físico vem sendo redefinido:

> As bases do erotismo no século XIX estavam quase que inteiramente escondidas no medo e, portanto, expressas através do filtro da repressão [...] Amplos segmentos da sociedade moderna têm se rebelado contra o medo e a repressão, e isto é bom. [...] Em contrapartida, vamos infinita e frustrantemente à procura de nós mesmos através dos órgãos genitais. (p. 20)

O acelerado desenvolvimento da tecnologia, o avanço de práticas místico-religiosas e o surgimento de novas doenças exigem de nós, analistas, novas formas de acolhimento para essas modalidades de queixas e sofrimentos.

Vejamos algumas evidências dessas impregnações nos sintomas da clínica atual:

Jaqueline é muito bonita e colorida. Uma bem-sucedida executiva que não tem "tempo para nada". Seu celular toca inúmeras vezes, até nas sessões de análise. Seu passatempo predileto é marcar, durante as madrugadas, quando "tem tempo", encontros com parceiros misteriosos nas salas de entretenimento da *internet* e chorá-los cotidianamente no divã: "Não sei porque não dá certo".

Mário, marido traído, parece exterior à sua própria história pessoal, ao narrar laconicamente que conheceu sua segunda mulher por meio dos classificados de um jornal local.

Sérgio, profissional conceituado, desiludido com o término do namoro, contrai HIV em uma relação sexual "displicente".

Carlos separa-se da mulher porque leu sua correspondência amorosa, via *e-mail*, com um homem que reside do outro lado do mundo. "É só fantasia", diz ela. "É, mas estava escrito", responde ele, revelando a frustração por seu casamento não ter sido "escrito nas estrelas", como era seu desejo.

Outro paciente, formado por uma das faculdades mais respeitadas de Administração de Empresas de São Paulo, está desempregado há algum tempo. Diz: "estou aqui porque estou deprimido e desempregado. Não tenho mais dinheiro e, por causa disso, não consigo trabalho". Não consegue emprego e, sem trabalho, fica deprimido. Não entende porque não é o escolhido pelos *headhunters* durante as entrevistas de seleção de emprego: o ciclo instala-se.

Roberto tenta suicídio duas vezes quando sabe que é portador do vírus HIV. Durante as sessões, demonstra sua perplexidade diante da incongruência entre os recursos tecnológicos sofisticados, disponíveis dos laboratórios, e o despreparo dos técnicos que os manipulam. No seu caso, esse despreparo, além de ter sido o responsável pela sua contaminação, coloca-o em uma vigília contínua: alguns técnicos, durante a colheita de seu sangue, mostram-se displicentes, pois não observam os cuidados necessários no manuseio dos equipamentos, ou nos procedimentos de coleta e manipulação de material de análise. Relata que, certo dia, após a colheita e a colocação do esparadrapo de praxe, entra no ônibus com destino à sua casa. Em um dado momento sente algo úmido debaixo de sua jaqueta. Suas roupas estão embebidas em sangue. No seu caso esse despreparo aumentou o risco de contaminação não só do técnico, mas de outras pessoas que com ele se encontraram na rua. Nesse e em outros relatos comunicava-me seu sentimento de desamparo na luta contra a sua doença, à medida que vivia cotidianamente o paradoxo de não só ter de ser capaz de suportá-la na condição de paciente, mas também de adquirir meios de defesa diante da inabilidade dos profissionais que o atendiam. Esse desamparo transformava-se em uma demanda depositada na relação analítica.

Antônio, um rapaz melancólico que pouco fala durante as sessões, conta-me que, em sua juventude, época em que serviu o exército, por duas vezes tentou o suicídio; sua história não chega a ser original, quando pensamos nas humilhações "pedagógicas" infligidas aos novatos, sobretudo aos mais sensíveis.

De outro lado, João, estudante universitário e militante político quando do golpe de 1964, vasculha em suas associações livres um sentido para sua tentativa de suicídio ocorrida na prisão, a fim de aliviar a humilhação da tortura.

Nos casos relatados, as tentativas de suicídio foram a alternativa possível de expressão da condição de opressão que, em diferentes momentos, vivenciaram.

Do suicídio a uma certa banalização da morte, das novas doenças, como síndrome do pânico, à bulimia, temos um repertório imenso de sintomatologias que se expressam em um contexto atravessado também pelos avanços tecnológicos incorporados ao cotidiano, como a *internet* e a robótica. Além disso, podemos mencionar as contingências socioeconômicas, como, por exemplo, a grande afluência aos consultórios de pessoas que perderam seus empregos e buscam antidepressivos como saída rápida para seu sofrimento psíquico.

Essas vinhetas clínicas servem para ilustrar a labilidade desse novo tipo de demanda que se apresenta nos atendimentos clínicos. Certamente, este não é mais o paciente de antigamente. Os referenciais são totalmente diversos. E é preciso que criemos espaços para repensá-los.

Nos primórdios da Psicanálise, o sintoma clássico expressava-se, quase sempre, por meio de comportamentos "inocentes", embora estranhos, que, durante análise, revelar-se-iam substitutos de manifestações sexuais que caberia explorar. Hoje em dia, o discurso dos pacientes com frequência testemunha em favor de um escancaramento do sexual, que, à primeira vista, pode sugerir liberdade sexual ou mesmo uma sexualidade pouco conflituosa. Enquanto no início existiam comportamentos cotidianos, triviais, que escondiam um segredo, essência da interioridade do paciente, agora temos o contrário: um discurso que transborda sexualidade convive com uma subjetividade que poderia até lembrar território desabitado e abandonado. Aparentemente, enquanto os repertórios sexuais se diversificaram, as mentes empobreceram. No entanto, os pacientes estão aí, eles vêm ao consultório. Esses relatos, quase sempre ricos em descrições sexuais, a meu ver, sugerem explicitamente um intenso sofrimento psíquico, apesar de, aparentemente, a descrição girar em torno do vazio interior e do sentimento de futilidade.

Tal constatação foi, ao longo do tempo, provocando em mim, além de inquietações contínuas, uma forte necessidade de aferir, refletir e, sobretudo, indagar, a partir de minha formação psicanalítica, sobre o teor dessas influências, próprias de uma trama social complexa, sobre a subjetividade, e perguntar como os psicanalistas se posicionam diante dessa questão.

Indagações importantes colocam-se de imediato: como a prática clínica psicanalítica responde às determinações histórico-sociais da atualidade? Qual o lugar da psicanálise dentro da cultura, enquanto discurso que se inscreve para pensar as relações de um sujeito dividido, ferido em sua consciência? Será que aquela prática psicanalítica, característica de uma formação que os institutos formadores até hoje passam aos seus alunos, se sustenta? Se a psicanálise não se propõe a responder à demanda do paciente, o que fazemos em nossa clínica?

O que mais se observa é o seguinte: o paciente que nos procura chega em total desamparo e nos encontra também desamparados. O que nos diferencia é que, apesar de ambos estarmos desamparados, como analistas ainda somos capazes de pensar e não desertar[3]. A desventura é a mesma, mas o compromisso é outro. Acredito que o mal-estar do psicanalista é hoje o de não se reconhecer mais como tal, segundo um antigo modelo, e o de não poder autenticar sua prática, com todas as modificações e inovações que o mundo de hoje exige.

O paradoxo é que, ao buscar referenciais teóricos em publicações que pretendem contribuir para a reflexão, o psicanalista encontra relatos de casos clínicos que passam a funcionar como camisa de força, pois ele não reconhece sua clínica nas descrições publicadas. Octave Mannoni (1991) reflete a respeito desse tema:

> Se dou exemplos tirados de minha prática, não é que me orgulhe deles. É que nos resumos de caso, na maioria das vezes, os analistas fornecem quase nada do teor exato de suas intervenções [...] E, além disto, eu não posso, quando lastimo que os analistas, em suas publicações, dão tão raramente, em geral, o teor exato de suas intervenções, ao mesmo tempo imitá-los. Tenho a impressão que nossas interpretações, ou intervenções, são igualmente instrutivas, quer tenham resultados felizes, quer sejam ineficazes. No fundo, nossos erros, em geral, nos ensinam mais do que nossos sucessos. (p. 16)

---

[3] Essa ideia foi desenvolvida por W. R. Bion durante conferência proferida no Hotel Eldorado Higienópolis, em São Paulo, em 1978.

Minha experiência na participação de seminários clínicos e supervisões, práticas comuns a todos da área, aponta na mesma direção: são quase sempre um desconforto, na medida em que os analistas, ao relatarem o seu trabalho, ficam constrangidos em revelar publicamente qualquer "deslize" que possam ter cometido – muitas vezes, atos criativos e singulares à especificidade daquele encontro analítico –, verdadeiros julgamentos *a priori* da sua prática, impossibilitando, dessa maneira, que os impasses sejam verdadeiramente questionados e teorizados, e não apenas apontados enquanto falhas e exigências de melhor formação que, sabemos, nunca termina. O que fazer? Qual a clínica possível, viável, que não escamoteie o dado irredutível do novo contexto social?

Não há como fazer uma exposição de um dizer psicanalítico sem que seus limites se escancarem. Ao abordar determinadas proposições teóricas, é inevitável falar de seus contornos, bem como explicitar o que elegemos ou a que renunciamos. Ao afirmar sobre a impossibilidade de nossa profissão, Freud talvez se referisse à singularidade do encontro analítico que pode ser comparado a uma melodia: só existe enquanto é tocada[4]. No entanto, não há como não correr o risco. É também por esse mesmo motivo que a relação analítica está sujeita a toda sorte de imprevisibilidade e também de originalidade, marca de nossas determinações inconscientes.

---

[4] Truffaut, *O homem que amava as mulheres*.

O ouro puro da psicanálise e o cobre da psicoterapia para o povo

Outra face deste momento que vivemos é o aumento da demanda, nos atendimentos públicos, no campo tradicionalmente denominado de saúde mental, seja do ponto de vista profilático, seja do corretivo. Isso porque, ante a aceleração das mudanças, é natural que as pessoas se sintam desalojadas do lugar adaptado em que se encontravam, quando confrontadas com os novos desafios aos quais são arremetidas.

Daí o movimento que se vem desenvolvendo de maneira lenta, e na contramão dos atendimentos clínicos privados, constituído pela participação de alguns psicanalistas nas discussões da política de saúde pública.

O Brasil é um bom exemplo a esse respeito: é do conhecimento de todos que, em nosso país – em especial na cidade de São Paulo –, o atendimento de saúde à população, como ação governamental, de maneira geral, nunca foi prioritário. Nos últimos tempos, no setor público da saúde mental, tem-se observado o crescimento de propostas comprometidas com concepções mais avançadas e coerentes de assistência ao doente mental. A 8ª Conferência Nacional de Saúde (1986), encontro norteador das políticas de saúde pública, definiu o conceito de saúde, em seu sentido mais amplo, como resultante das condições de alimentação, habitação, educação, meio ambiente, renda, transporte, emprego e lazer. A *Reforma Sanitária*, como ficou conhecido esse encontro, definiu as diretrizes a serem implantadas durante a Assembleia Nacional Constituinte.

Já a 9ª Conferência Nacional de Saúde (1992) introduziu na síntese final de seus trabalhos a dimensão social do processo saúde-doença. Essa definição, atualmente eixo orientador da política de intervenção pública, não apenas incorpora as anteriores, como vai além, relacionando saúde com a ausência de doença e também com as condições da qualidade e do modo de vida e cidadania da população, geradores de processos de bem-estar para a coletividade.

Desde então, algumas instituições psicanalíticas prestam serviços de supervisão clínica a ambulatórios da rede estadual e municipal, bem como a organizações não governamentais e a algumas faculdades de Psicologia de São Paulo, engajando-se em programas de atendimento psicanalítico às populações carentes. A existência desse movimento de atendimento a alguns setores da população é, entretanto, bastante incipiente. A inserção do psicanalista nas equipes multidisciplinares, mesmo que mergulhada em preconceitos, ainda me parece o caminho possível de interlocução das psicanálises com as outras disciplinas do conhecimento (Chnaiderman, 1989).

Penso que os psicanalistas, ao se incluírem nessa proposta, dão continuidade à obra iniciada por Freud (1919) quando, em seu trabalho apresentado durante o 5º Congresso Internacional, realizado em Budapeste, em setembro de 1918, dizia:

> Como sabem, nunca nos vangloriamos da inteireza e do acabamento definitivo de nosso conhecimento e de nossa capacidade. Estamos tão prontos agora, como o estávamos

antes, a admitir as imperfeições da nossa compreensão, a aprender novas coisas e a alterar os nossos métodos de qualquer forma que os possa melhorar.

[...] Agora, tocarei de relance numa situação que pertence ao futuro – situação que parecerá fantástica a muitos dos senhores, e que, não obstante, julgo merecer que estejamos com as mentes preparadas para abordá-la. Os senhores sabem que as nossas atividades terapêuticas não têm um alcance muito vasto. Somos apenas um pequeno grupo e, mesmo trabalhando muito, cada um pode dedicar-se, num ano, somente a um pequeno número de pacientes. Comparada à enorme quantidade de miséria neurótica que existe no mundo, e que talvez não precisasse existir, a quantidade que podemos resolver é quase desprezível.

[...] É possível prever que, mais cedo ou mais tarde, a consciência da sociedade despertará, e lembrar-se-á de que o pobre tem exatamente tanto direito a uma assistência à sua mente, quando o tem, agora, à ajuda oferecida pela cirurgia, e de que as neuroses ameaçam a saúde pública não menos do que a tuberculose, de que, como esta, também não podem ser deixadas aos cuidados impotentes de membros individuais da comunidade. Quando isto acontecer, haverá instituições ou clínicas de pacientes externos, para as quais serão designados médicos analiticamente preparados, de modo que homens que de outra forma cederiam à bebida, mulheres que praticamente sucumbiriam ao seu fardo de privações, crianças para as quais não existe escolha a não ser o embrutecimento ou a neurose.

[...] Defrontar-nos-emos, então, com a tarefa de adaptar a nossa técnica às novas condições. [...] Provavelmente descobriremos que os pobres estão ainda menos prontos para partilhar as suas neuroses, do que os ricos, porque a vida dura que os espera após a recuperação não lhes oferece atrativos, e a doença dá-lhes um direito a mais à ajuda social. Muitas vezes, talvez, só poderemos conseguir alguma coisa combinando a assistência mental com certo apoio material, à maneira do Imperador José. É muito provável, também, que a aplicação em larga escala da nossa terapia nos force a fundir o ouro puro da análise livre com o cobre da sugestão direta; e também a influência hipnótica poderá ter novamente seu lugar na análise, como o tem no tratamento das neuroses de guerra. No entanto, qualquer que seja a forma que essa psicoterapia para o povo possa assumir, quaisquer que sejam os elementos dos quais se componha, os seus ingredientes mais efetivos e mais importantes continuarão a ser, certamente, aqueles tomados à psicanálise estrita e não tendenciosa. (p. 201-211)

A citação extensa justifica-se porque pretendo resgatar o vigor e a ousadia da atitude freudiana, que não temia incorrer em erros e recriar práticas, desde que isso significasse aceitar o desafio de uma experiência psicanalítica mais justa socialmente.

Desde o seu início, a psicanálise definiu-se como teoria e técnica que se incorporam em uma práxis. Cabe-nos, portanto, a tarefa de captar ou, pelo menos, interpelar esse novo pulsar da pós-modernidade. Nessa perspectiva, a clínica psicanalítica, no exercício de uma análise, não poderia furtar-se à escuta de tais temas.

Essas interrogações de início remetem-nos a privilegiar as articulações psicanalíticas nos planos da subjetividade, dos vínculos e da cultura. Parto, então, do pressuposto de que pensar o sujeito dentro de uma proposição psicanalítica freudiana é pensá-lo inscrito na cultura, uma cultura de mal-estar, de conflitos, de impossibilidades e de insatisfações.

Dentro dessa perspectiva, desenvolver uma pesquisa em Psicanálise é, antes de mais nada, levar o conhecimento – acumulado há mais de um século – a um campo de exploração e de investigação dos mais fecundos, que é o da subjetividade. Ele representa a possibilidade de reunir uma troca interdisciplinar da maior importância, uma vez que nenhuma disciplina isolada poderá responder à complexa demanda contemporânea que se manifesta em todos os serviços de atendimento clínico, sejam estes de caráter público ou privado.

Do óbvio para o simples: o desafio da clínica

O conhecimento evolui sempre do óbvio para o simples. O sol nasce ao leste e se põe ao oeste: isso é óbvio. O simples é compreender que isso ocorre em razão do movimento de rotação da Terra.

Essa transição do óbvio para o simples decorre de uma acumulação de conhecimento, da repetição de experimentos, da generalização do particular em modelos cada vez mais universais.

Quando, no percurso do conhecimento, as explicações tornam-se complexas, rebuscadas, este é o sinal de que um salto de compreensão está sendo necessário.

A clínica psicanalítica existe há mais de cem anos e os inúmeros trabalhos publicados atestam sua efervescência, sua complexidade e, sobretudo, sua rica e agitada sobrevivência.

No entanto, a clínica atual enfrenta problemas que não podem ser desconsiderados. Hoje, encontramo-nos diante de um contexto social de mudança de valores, e torna-se cada vez mais questionável limitar a psicanálise a uma prática quase que exclusiva de atendimentos centrados em gabinetes privados, incapazes de entrar em sintonia com o ritmo e a qualidade dos acontecimentos próprios dessas mudanças.

Longe de caracterizar seu limite definitivo, ou o "fim da psicanálise", o fundamental é questionar se hoje a clínica psicanalítica compõe-se de pacientes "difíceis" ou se, talvez, é mais apropriado dizer que ela está exigindo um salto de conhecimento para além dos seus limites tradicionais.

A ramificação de algumas modalidades psicoterápicas que tendem a tomar como unidade não o indivíduo, mas a família ou a instituição, embora de raiz freudiana, ganhou autonomia nas últimas décadas e revelou-se uma alternativa possível aos que se viam insatisfeitos com os atendimentos individuais convencionais.

Por outro lado, alguns analistas acreditam que o alargamento da nosografia é suficiente para abarcar essa nova problemática clínica. Esse inchaço da classificação das doenças é um exemplo, em nosso campo de conhecimento, dessa necessidade de maior simplicidade e profundidade na compreensão desse novo estado de coisas.

Uma análise detalhada das transformações sofridas na passagem da nosografia psiquiátrica para o interior da Psicanálise exigiria uma extensa investigação histórica, que fugiria aos propósitos do presente ensaio. O que se constata é que, enquanto no passado a histeria surgiu como superação do modelo psicopatológico de paralisia geral progressiva, hoje a problemática do narcisismo e a do fetichismo, que constituem paradigmas sobre os quais a maioria dos escritos e publicações se debruçam, parecem estar necessitando também de outra superação.

No que diz respeito às manifestações sintomáticas, parece-me que há uma concordância, em todas as teorias, sobre não mais delimitá-las de maneira cristalina como antes. Tomando, por exemplo, o clássico "caso Dora" de Freud: a teoria daquele momento, aplicada aos sintomas, exigia a suposição de observação de uma cena primordial ou a ocorrência, por exemplo, de masturbação na infância. Hoje, as formas de entendimento dos sintomas sofreram mudanças, na medida em que mecanismos produtores de sentido foram incorporados à interpretação.

Apesar de não ser minha intenção realizar um estudo sociológico daquele período, é interessante lembrar que, no início da Psicanálise, algumas instituições sociais eram mais estáveis, apresentando pouca plasticidade e inovação. Hoje, ao contrário, podemos afirmar que habitamos um planeta em acelerada mudança. É correto pensar que as instituições que desempenham um papel determinante no tecido social atualmente não são mais, predominantemente, o Estado, a Igreja, a Família e a Escola.

Do meu ponto de vista, a maior estabilidade e o monolitismo das referências sociais características do período inicial da psicanálise foram os fatores que contribuíram para que o sintoma pudesse ser "examinado" (no sentido de um referente fixo, modelo arcaico ligado à medicina tradicional) como uma manifestação do indivíduo: a mulher, por exemplo, era mãe, histérica ou prostituta. Tornava-se mais fácil circunscrever o sintoma, uma vez que a mulher tinha pouca expressão social fora do universo doméstico. Esse sintoma era uma manifestação que, de certa maneira, possuía a forma do relevo social da época e que, portanto, podia ser "decifrado".

Nesse sentido, o que se constata agora na queixa sintomal são crises individuais, de casais e de famílias, entrelaçadas de tal maneira em uma estrutura de significações que, como em um movimento de caleidoscópio, se torna irrelevante, ou mesmo impossível, seu congelamento em um fotograma de conflito que as esgote.

Os matrimônios sucessivos – de ambos os parceiros –, por exemplo, modificaram substancialmente a tradicional família edípica. A disseminação da AIDS, ou ainda as relações materna e paterna no interior de casais do mesmo gênero, exigem novas acomodações; a institucionalização cada vez mais precoce de crianças, a veiculação de valores e ideais pelos meios de comunicação e a fragmentação da vida social urbana pela proliferação de vínculos anônimos são representativas do atual contorno que os homens, à sua maneira, em sua evolução histórica, vão delineando diante do que Freud denominou de "mal-estar na civilização".

Os novos rumos que tomam certos referenciais socioculturais ocasionam impactos de todas as ordens sobre a subjetividade, colocando em crise os parâmetros clássicos de abordagem clínica. Hoje, a constituição da subjetividade ocorre em um espaço de transformação rápida e fugaz. A urgência da demanda, calcada em índices de exterioridade e exigindo resposta rápida, própria da maioria dos pacientes atuais, embora não assimilável pelos padrões teóricos clássicos, é algo sobre o que nós, analistas, devemos refletir.

Em minha experiência clínica, seja em atendimentos privados, seja em instituições, observo os contornos dessa crise independentemente de raça, sexo, cultura e condição socioeconômica. São queixas que transcendem as histórias sexuais infantis, edípicas, as neuroses infantis, e que nos forçam a pensar em um "mais além ou aquém" das problemáticas clássicas do prazer, da fantasia, da culpa, do sintoma atualizado na abordagem transferencial, por exemplo (Galende, 1994). O velho paradigma, de que os pacientes estão em busca de um conhecimento ou de uma pesquisa de si mesmos, terminou.

A adoção do ponto de vista de que a psicanálise não é uma visão de mundo (*Weltanschauung*), expressado por Freud, no fim de 1932, tem o mérito de reconduzi-la à sua vocação inicial. Porém, nem sempre seus seguidores ouviram sua recomendação, o que os fez privá-la de importantes instrumentos de autocrítica e autoexame, dando origem a conceitos equivocados sobre a pretensa "inadequação" em ferir a "especificidade de seu campo". Com isso, não conhecemos, ou conhecemos pouco, a sociedade que nos faz fronteira. Os psicanalistas, com isso, parecem estar mais preocupados com a Psicanálise do que com as pessoas que atendem.

Ricardo Avenbur (1994) manifesta opinião semelhante, quando pondera:

> Eu não diria que quando me deparo com um paciente faço clínica psicanalítica. Em princípio, faço clínica. Coloco-me frente a ele com os instrumentos de que disponho e com os de que não disponho... Minha primeira orientação é clínica, clínica geral. Obviamente, minha formação é psicanalítica e, ainda que não quisesse, não sai outra coisa... Creio que um dos problemas [...] em muitas pessoas que abordam a clínica psicanalítica, é que estão mais preocupados com a psicanálise do que com o paciente mesmo, ou se estão fazendo psicanálise ou não. Meu conselho é que escutem o

paciente... Diria que na clínica psicanalítica, em geral, os momentos de análise são momentos contados.

Parece óbvio que o analista não escuta seu analisando quando fica submisso à rigidez indiscriminada de determinados enquadramentos.

Entendo que, se o analista não estiver *borderline*[5], ele não está no seu campo próprio de atuação. Sem abandonar o campo da teoria e da técnica, deve-se manter atento ao universo social atual, universo mutante que conduz analista e paciente, por vezes, a situações de desamparo. Há, portanto, desafios cujas respostas são difíceis, ou mesmo impossíveis, dentro dos dispositivos clássicos. Parafraseando os antropólogos, não temos mais o "bom neurótico".

Essas reflexões pretendem mostrar que não se trata de abandonar de maneira maciça as categorias psicanalíticas clássicas, mas de usá-las para uma leitura mais livre da subjetividade, permitindo que elas dialoguem com o universo sociocultural, privilegiando a investigação e a criação, e não meramente a "aplicação" da técnica.

É essencial superar as reflexões de inspiração corporativista – que tendem a usar os conceitos psicanalíticos como escudos protetores – e, de certa maneira, resgatá-las em seu valor provocativo.

---

[5] Para maiores detalhes sobre as definições do termo, ver o livro *Borderline*, de Mauro Hegenberg, nesta mesma coleção.

A *terminologia em questão*

A imprensa repercute, com frequência, um grande número de promessas e de descobertas mirabolantes para abolir as angústias, os medos, a insônia, a depressão, a anorexia, a obesidade e outros males que "importunam" a vida psíquica dos seres humanos. Uma verdadeira profusão de "bem-estar" é oferecida em direção ao "nirvana". Desde técnicas psicoterápicas mais eficazes, tais como neurolinguística, terapias regressivas e de autoajuda, passando também pelo território das técnicas místico-religiosas, dos duendes, dos anjos, até resultados de pesquisas da neurobiologia, da genética e da farmacologia, todos, sem exceção, apresentam seus produtos em substituição à Psicanálise, e quase todos prometem também a cura em prazos recordes e com um método indolor.

Diante de todas essas promessas, os psicanalistas costumam permanecer lacônicos. Raramente abordam esse tema, salvo em algum encontro fortuito. O silêncio pode, nesse caso, representar inúmeras possibilidades: a crença na proposta de Freud de reduzir a dor neurótica, para que os homens tivessem de sofrer somente a dor inevitável da vida, o descrédito dessas notícias, a falta de tempo, a ausência de uma reflexão maior sobre essa zona de interseção com outras áreas do conhecimento, ou até mesmo o não saber o que dizer.

O paradoxo manifesta-se também quando percebemos que essa mesma opinião pública, traduzida pelas matérias dos periódicos, utiliza, em larga escala, expressões e conceitos advindos da Psicanálise. A constatação parece-nos óbvia: a Psicanálise possui seu referencial teórico sólido e, quer queiram, quer não, faz parte de nossa cultura, e as críticas encerram-se, quase sempre, na demora dos tratamentos analíticos diante da urgência que todos, até mesmo os próprios periodistas, sentem em ver suas angústias aliviadas e resolvidas.

O que torna mais difícil a discussão dessa problemática é o fato de que a concepção de homem, preconizada pela Psicanálise em qualquer uma de suas inúmeras divisões teóricas, é radicalmente diferente da proposta pela sociedade globalizada da informação e do conhecimento.

Dessa observação do nosso cotidiano, quero explorar uma ideia que já antecipei: a da proliferação da terminologia, na qual nós, clínicos, estamos enredados nestes dias atuais. A diluição dos conceitos psicanalíticos, produzida pelos meios de comunicação, tem sua contrapartida nos meios "especialistas": observamos um alargamento significativo da nosografia, produzido nos últimos cinquenta anos.

Sabemos que essas novas categorias nosográficas são consequência dos progressos nas abordagens que, bem ou mal, estamos utilizando; porém, a meu ver, essa proliferação de "expressões-ônibus"[6] tem uma função meramente descritiva, funcionando às vezes como verdadeiros placebos para o pensamento do clínico, e em nada contribui para uma melhor compreensão dos impasses da clínica atual.

---

[6] Ideia inspirada no verbete "transa" do dicionário *Aurélio* que a classifica como "palavra-ônibus" (Ferreira, 1986).

Examinarei alguns termos surgidos historicamente e farei uma reflexão sobre sua eficácia terminológica: são termos que representam apenas modos particulares de apreensão clínica, apresentando valor enquanto descrição – hoje usados mais como sofisticação linguística –, mas não investindo nenhum papel metapsicológico em nossos dias.

Tradicionalmente, a nosografia relativa às doenças mentais reflete os distintos modos de pensamento que se desenvolveram ao longo da história da humanidade. Freud, seguidor da tradição *jasperiana*, adotou o termo "psicopatologia". A grande novidade freudiana consistiu em romper com a racionalidade médica da época. Algumas doenças nervosas do século XIX não eram assimiláveis ao paradigma clássico, segundo o qual era necessário encontrar um correspondente anatômico do distúrbio. Pensamos aqui especialmente na histeria.

Freud cria seu campo ao postular que essa doença tem uma dimensão psicológica sobre a qual é possível teorizar. Reproduzimos um trecho de Mezan (1998):

> Freud se dá conta, nos seus escritos desde os anos 80 e no início dos anos 90, da intensidade de certos fenômenos psíquicos. O que chama a atenção de Freud, nos seus primeiros trabalhos sobre a histeria, são reações excepcionalmente exageradas, por exemplo as paralisias inexplicáveis, todo o cortejo de sintomas espetaculares da histeria, as idéias excessivamente intensas. Ele tenta então teorizar isso, dizendo que a psique é constituída de tal maneira que nela circula

> uma certa energia, que ele compara à energia elétrica, a qual era então (1890) uma grande novidade tecnológica. Ainda não é a energia sexual, a libido, mas é uma energia. E essa energia *besetzt*, isto é, investe ou ocupa uma representação, uma imagem, exatamente como o filamento da lâmpada é invadido pela energia elétrica e ela acende. (p. 125)

Segundo o autor, esse modelo teórico para a histeria ramifica-se posteriormente, nas teorias psicopatológicas, para outras estruturas clínicas como a neurose obsessiva e a paranoia.

A partir dessa plataforma conceitual freudiana, geraram-se desenvolvimentos importantes, porém desencadeando, por vezes, complicações nosológicas.

Uma leitura atenta das definições de diferentes autores do termo *borderline* aponta a necessidade de caracterizar com maior rigor os conceitos atuais sobre neurose e psicose. Essa discriminação foi, até certo ponto, alcançada nos trabalhos de Freud, nos quais a classificação psicopatológica psicanalítica de "neurose, psicose e perversão" se definiu relativamente ao complexo de castração. Dificilmente poderemos considerar essas classificações concluídas.

Detendo-me no campo mais limitado dos questionamentos atuais, passo a revisar alguns desses trabalhos que, acredito, servem apenas para pacificar a inquietação clínica de incluir os pacientes dentro da categoria de "analisáveis", classificando-os na zona de interseção entre neurose e psicose ou neurose e perversão.

A expressão personalidade *borderline* ou limítrofe (Laplanche; Pontalis, 1970) não possui uma significação nosográfica rigorosa. As variações na descrição dessa categoria refletem as concepções com que cada autor, à sua maneira, responde às incertezas do campo clínico. Dessa maneira, ela pode englobar as personalidades psicopáticas, delinquentes, perversas, com distúrbios de caráter ou mesmo o grupo das esquizofrenias, quando esses pacientes apresentam uma sintomatologia neurótica.

Historicamente, ao ampliar a noção de *borderline* nos últimos cinquenta anos, os psicanalistas acabaram por gerar uma dispersão e uma superposição de conceitos que, examinados mais a fundo, vêm atestar a articulação complexa do campo da clínica psiquiátrica com o conhecimento da psicanálise, muitas vezes construído por oposição ou por um distanciamento da indispensável base clínica.

Um bom exemplo dessa situação é proporcionado pelo livro *El paciente borderline: conceptos emergentes en diagnosis, psicodinámica y tratamiento*, tradução de uma publicação norte-americana de 1992 (Grotstein et al., 1992). Uma inspeção rápida em seu conteúdo ilustra que as tentativas de sistematização da categoria *borderline* se inspiram em estudos psicanalíticos, em diretrizes diagnósticas do tipo DSM ou CID[7], ou na psicometria.

---

[7] Expressões usadas e aprovadas pela *World Health Organization*, Genebra, para as classificações e descrições clínicas dos transtornos mentais e de comportamento.

A expressão *"borderline"*, ao longo do tempo, transformou-se em um jargão que implica a ideia de afrouxar o enquadramento psicanalítico, isto é, designa-se como "não psicanalítico" qualquer dos seguintes atos: os encaminhamentos ou a escuta das prescrições medicamentosas, os atendimentos extras ou ao telefone, e os contatos familiares. A técnica clássica, centrada exclusiva ou preferencialmente no trinômio: "neutralidade--transferência-interpretação", impede o psicanalista de refletir sobre essas novas posturas, exigidas pela clínica atual.

Uma sucinta revisão bibliográfica (Paz; Pelento; Paz, 1976) ilustra que alguns autores apresentaram em seus diagnósticos uma gama de expressões cujos elementos explicativos se apoiavam quase sempre em critérios fenomênicos. Assim, diante do grupo das esquizofrenias, encontramos algumas expressões – como esquizoidia (Krestschmer, 1921, *apud* Paz; Pelento; Paz, 1976; Minkoswski, 1924, *op. cit.*), esquizomanias (Henry, 1926, *op. cit.*), esquizofrênicos de ambulatórios (Fenichel, 1942, *op. cit.*), esquizofrenia latente (Federn, 1947, *op. cit.*), esquizofrenia pseudoneurótica (Hoch; Polatin, 1949, *op. cit.*) – que designam pacientes em transição entre a neurose e psicose. Apoiados na constatação de uma sintomatologia rápida e fugaz, oscilando entre um quadro e outro, de uma debilidade psíquica a manifestações de impulsividade, incontinência, incapacidade de renúncia e postergação da satisfação, esses autores produziram as classificações acima.

Essa categoria de pacientes foi objeto de discussão em dois congressos internacionais, em 1954 e 1957. No primeiro – da

Associação Psicanalítica Americana –, as opiniões entre os analistas presentes eram divergentes. Questionava-se o rígido e fixo critério de diagnóstico por meio das funções do Ego. Elizabeth Zetzel, apesar de algumas objeções ao uso dessa terminologia, prognosticou sua disseminação no interior da psicanálise, principalmente pela descoberta de mecanismos psicóticos nas neuroses, bem como dos efeitos "psicóticos" que a suspensão de defesas gerava durante as análises. No segundo congresso, em Paris, o tema foi as distorções do Ego, de certa forma uma continuidade dos desenvolvimentos ocorridos no congresso anterior. Edward Glover, respondendo a Gitelson, pertencente ao grupo americano da "psicologia do Ego", critica termos como "força-debilidade-distorção", que foram aplicados ao Ego. Afirma que clínica, etiológica e metapsicologicamente esses termos são mais prejudiciais do que úteis, uma vez que respondem mais a uma descrição psiquiátrica do que psicanalítica (Paz; Pelento; Paz, 1976).

Desde sua criação, a expressão *"borderline"* marcou, para muitos, a expansão do campo psicanalítico. Conjeturo que esse alargamento do conceito se deve à necessidade de os analistas justificarem em suas clínicas o atendimento de pacientes que eram discriminados, quando não excluídos das técnicas "clássicas", em razão da própria e instável sintomatologia que apresentavam. Acredito que se trata de um tema relevante, que vem exigindo investigações específicas dentro do campo da literatura psiquiátrica, em especial a americana, na medida em que há o interesse constante – desde o fim do século XIX, mais precisamente em 1884, com o psiquiatra inglês Hugues – de esclarecer e delimitar esse aspecto da psicopatologia psiquiátrica (Paz; Pelento; Paz, 1976).

A seguir, apresento uma síntese de um caso clínico de autoria do psicanalista Mario Fishman (1987) que tem, para mim, o especial interesse de ilustrar esse uso deturpado da terminologia.

O analista recebe uma jovem paciente encaminhada por um colega que exercia sobre ele, como autoridade científica, uma forte influência, com a informação de que se tratava de um "caso *border*".

De acordo com os comentários iniciais presentes no relato desse caso, havia uma ideia implícita no diagnóstico. O analista deveria atender a paciente fora do enquadramento tradicional: havia várias exigências dentro do eixo de um atendimento psiquiátrico-psicanalítico. Deveria fazer um pouco de cada coisa: atender às inúmeras chamadas telefônicas, às sessões extras e acompanhar sua medicação. A indicação não considerava ato analítico, o que fugia ao enquadramento clássico.

Os sintomas dessa paciente foram descritos como uma intensa compulsão a "comer até explodir" e uma vivência subjetiva de não se sentir com "forças" e de não "poder". Suas atividades resumiam-se a deitar, chorar, comer e telefonar. As três primeiras eram, inclusive, realizadas durante as sessões.

O trabalho analítico foi desenvolvido em períodos de profunda depressão ou de hipomania, em que a paciente alcançava relativo sucesso em situações idealizadas por ela e pelo pai[8]. Quando parecia estar alcançando minimamente alguns desses objetivos, apresentava um estado de intensa ansiedade, abandonando o que havia atingido com uma determinação estável; um círculo vicioso que não contribuía para atingir progressos minimamente esperados. Entregava-se ao *acting-out*: sentindo-se muito exigida, comia.

Para o analista, esse abandono constituía a vivência de transitar entre uma cena idealizada e outra de desperdício, seguindo-se, na relação transferencial, uma demanda radical de salvação, traduzida por meio de telefonemas durante o dia, noites e madrugadas. Esse modo de funcionamento psíquico, de certa forma, protegia-a de um *acting* mais violento, que seria o suicídio. Seu pedido constante era: "Doutor, diga-me que não vou morrer...".

Havia uma teoria familiar que, aos poucos, foi sendo desvendada entre o par analista-analisanda. Os pais atribuíam o motivo de seu sofrimento ao fato de que ainda não se havia casado. Ao contrário dos outros irmãos, faltava-lhe um noivo. A família possuía recursos econômicos, e "não lhes faltava nada".

A paciente angustiava-se ao se imaginar pedindo ajuda ao pai e ao irmão, porque poderiam dizer-lhe que ela não a merecia, uma vez que não correspondera às expectativas de todos. Exibia a ideia recorrente de que todos os familiares lhe ocultavam a verdade. Ela poderia estar gravemente doente ou, em outros momentos, dizia que ninguém se dava conta da

---

[8] Por se tratar de um caso clínico publicado, muitas vezes, como aqui, é impossível conhecer mais sobre essa dinâmica.

gravidade de seu estado. Essas ideias eram acompanhadas de intenso sofrimento.

O autor conta-nos que sua paciente sentia-se um peso, uma enorme carga, da qual ela mesma deveria desfazer-se. Para os pais, o casamento significava pôr um término aos cuidados e responsabilidades com essa filha. A paciente, de certa maneira, concordava com a forma utilitarista, cômoda e expulsiva da família, respondendo subjetivamente ao desejo de se desfazer literalmente de seu peso, deixando-se levar ao extremo em sua busca desenfreada de um prazer absoluto, mesmo que no caminho estourasse.

Vejamos o que diz o analista[9]:

> Se fizermos uma retrospectiva de sua sintomatologia histé-
> rica, de sua ansiedade difusa e incontinente (que chamam
> de psicótica), de seus divertimentos perversos (inclusive
> uma tendência ninfomaníaca); se acrescentarmos o que
> chamaram incapacidade de adaptação e debilidade egóica
> subjacente, vemos nesse discutível glossário os elementos
> da síndrome *borderline*. Essa categoria reuniu uma série de
> quadros dispersos quando a extensão clínica da psicanálise
> parecia requerê-lo. Faltava um arquivo; e apoiando-se no
> modelo da personalidade normal, madura, adaptada e indi-
> visa, e também apoiando-se na conjectura de um *continuum*

---

[9] A tradução do espanhol para o português do presente caso é de responsabilidade da autora.

entre psicose e neurose se cunhou essa entidade. Vale a discussão de tais referentes teóricos e ideológicos; mas hoje nossa pergunta é: *border*, que indicação clínica implica?

1) Ao ser psicótica: o psicanalista deveria contê-la, encarrilhá-la para o princípio de realidade e contribuir para sua adaptação.

2) Ao ser neurótica: deveria interpretar os significados ocultos.

3) Ao ser perversa ou psicopata: deveria estabelecer limites.

Conter, interpretar e pôr limites é uma mistura cujo produto é um analista confundido; o analista fica aprisionado em referentes tão pouco claros que, literalmente, pelo que supõe que já sabe, fica sem saber o que fazer com o que ignora. (Fishman, 1987, p. 113)

Para o analista, uma demanda da paciente manifestava-se no uso do telefone. Cortar, dizer simplesmente: "até a próxima", era uma proeza. A paciente do telefone possuía muito tempo e estava disposta a falar por horas, pedir, até sentir-se explodindo – ao contrário da paciente do consultório, cujo tempo era limitado – outros telefonemas tratavam da medicação: perguntava se podia tomá-la duas, três vezes, outros ainda eram para dizer que havia esquecido se havia tomado... "O que fazer? Quem poderia duvidar do sofrimento expresso, sendo um caso de *borderline*?" – pergunta o analista.

Um dos pontos exemplares desse relato é a sua reflexão acerca do trabalho transferencial. Enquanto o analista trabalhava a transferência atendendo a essa demanda, fazia-o meramente em razão da suposta ansiedade psicótica da paciente, que era preciso acolher. Dessa forma, a situação foi chegando a um limite tal que o analista a ouvia sempre desse ponto de vista.

O analista descreve o momento de virada transferencial: uma madrugada a paciente telefonou-lhe, dizendo que não conseguia dormir. Este reagiu dizendo que, apesar de sua insônia comovedora, por que ela não o deixava dormir? Ainda que a insônia tenha passado a ser do analista, ele conta-nos que negar essa demanda não lhe foi fácil. Tal decisão não o impediu de ligar para sua paciente em outras ocasiões nas quais tinha a suposição de uma possível atuação. Esse novo critério respondia ao trabalho transferencial, diante de um caso de histeria grave.

Fishman (1987) conclui dizendo que "esta descrição contém, no meu entender, indicações clínicas da tarefa do analista que orientam sua prática em coordenadas precisas. *Borderline*, porém, leva a confusões de risco iatrogênico" (p. 117).

O relato desse caso ilustra claramente o quanto a sintomatologia que identifica o *borderline* pode levar a uma condução equivocada durante o trabalho analítico.

A percepção do analista, de que a oscilação entre "conter, interpretar e pôr limites" acabara por levá-lo ao imobilismo, produziu o resgate da posição transferencial, tal qual preconizada por Freud. Isso permitiu reconduzir o atendimento ao contexto psicanalítico, afastando-o do prognóstico inicial, pertencente ao eixo psiquiátrico-psicanalítico.

A extrema variedade de descrições clínicas, ao longo dos últimos setenta anos, pode ser ilustrada na produção de outros autores psicanalistas.

Assim, Helene Deutsch (1942), que se destacou no grupo de analistas da Sociedade Psicanalítica de Viena, introduziu conceitos em torno dos distúrbios da autoestima narcísica. Em seu trabalho "Some forms of emotional disturbance and their relationship to schizophrenia" cunhou o termo personalidade "como se" (*"as if"*). Ao descrever certos pacientes que se situavam no limite da esquizofrenia, dizia que essas personalidades eram incapazes de apresentar, em sua relação com a vida, sentimentos de autenticidade e interesse ou de desenvolver verdadeiras identificações egoicas e superegoicas, mas, aparentemente, desenvolviam-se "como se" as tivessem.

Ruth Malcolm (1990), durante o 36º Congresso Internacional de Psicanálise em Roma, em julho de 1989, disse que esses pacientes vêm à análise por razões que lhes são difíceis de precisar: "um mal-estar geral, certas angústias e incômodos vagos, esperança em alcançar um desenvolvimento profissional" (p. 93). Ainda segundo a analista, é difícil captar qual é a experiência subjetiva. Esses pacientes parecem, com frequência, transmitir uma incessante sensação de atividade ou de estarem muito ocupados. Desintegrando-se e mantendo-se completamente "como se", esses pacientes buscam um *modus vivendi* possível, que os proteja de uma vivência de enlouquecimento.

Como se vê, trata-se outra vez de uma caracterização que apenas tangencia categorias psicanalíticas.

Continuar o levantamento bibliográfico seria, do meu ponto de vista, enveredar por um cipoal desnecessário. Para terminar, observo que há autores que priorizam as condições de analisabilidade dos pacientes (Kohut *apud* Paz; Pelento; Paz, 1976), e outros, as características intrapsíquicas e fenomênicas (Kernberg, *op.cit.*) ou as descrições sintomáticas. À mercê da confusão nosográfica, alguns autores tentam resolver o impasse aventando a necessidade de mudanças, tanto do dispositivo analítico como do lugar do analista. O que autorizaria até a suspeita de que a neurose freudiana possa estar em extinção. Não sendo nem neuróticos nem psicóticos, essa categoria de "pacientes difíceis", do ponto de vista sintomático ou estrutural, termina por abarcar quase a totalidade da clínica.

Crise e produção teórica

Como antecipei no início deste capítulo, a literatura existente sobre o tema deste ensaio é escassa. A maioria dos escritos encontra-se em revistas ou faz parte de artigos publicados em livros, organizados a partir de conferências e colóquios. Não há entre esses escritos uma unidade que possamos rastrear, a fim de colocar em ordem certas ideias. Isso é mais do que esperado, na medida em que estamos tratando de um tema contemporâneo, e as ideias ainda estão em ebulição.

No entanto, creio ser necessário ilustrar, por meio de alguns textos, como os colegas psicanalistas vêm refletindo sobre o momento atual da clínica psicanalítica. É natural que a escolha recaia sobre autores que vêm refletindo de maneira produtiva sobre essa questão. Dessa maneira, busquei nas ideias originais de Fabio Herrmann (1994), Joel Birman (1997) e Jurandir Freire Costa (1989) um solo para interlocução. Como motivo para essa escolha, posso citar que são autores que se ocupam dessa questão já há alguns anos, gozam de prestígio e representam as instituições psicanalíticas, no Brasil e também no exterior, além de serem possuidores de um *curriculum* que atesta o envolvimento com a questão, do ponto de vista prático e reflexivo.

Considerando que não pretendo fazer uma análise exaustiva de todos os rumos da produção teórica sobre a questão, mas, sim, examinar algumas das direções possíveis e relevantes e estabelecer um solo para diálogo, entendo suficiente examinar os textos abaixo.

Fabio Herrmann (1994) inicia suas reflexões em relação ao mal-estar e à psicanálise relativizando, primeiramente, algumas ideias contidas no texto freudiano de 1930 [1929], "O mal-estar na civilização". Para o autor, Freud, ao enunciar nosso protesto em direção à cultura como resultado da renúncia instintiva, estava expressando uma ideia típica da atmosfera moral da era vitoriana em que vivia (p. 306). Menciona também o perigo que a psicanálise atual corre ao tentar "superar o sexualismo freudiano" e buscar "estados mais primitivos de mente" como seu tema dominante, pois o abandono da temática sexual na clínica atual, por parte de certos grupos, pode representar um novo e sofisticado avatar da própria repressão sexual, agora operando no interior das teorias de nossa clínica (p. 307).

Herrmann (1994) propõe, como contribuição pessoal à análise do atual mal-estar, o exame da presença de estratos de "inconscientes relacionais" organizando os diferentes produtos culturais. Quer evitar, dessa maneira, a noção tradicional de inconsciente que, segundo ele, aprisiona em uma causa primeira, e explica, por umas poucas linhas de força e mecanismos direcionais, o complexo mundo psíquico dos pacientes.

Acredita que reside aí, na nova noção de inconsciente, a contribuição para diagnosticar a natureza do mal-estar cultural e a flexibilidade instrumental que se oferece ao meio interpretativo, ferramenta de enfrentamento clínico.

Seu ensaio privilegia os aspectos metodológicos da interpretação psicanalítica, afirmando que, atualmente, ela não mais possui a função de proferir verdades ocultas dos pacientes, mas, sim, a de romper a restrição que o "campo"[10] prevalente impõe, provocando efeitos de entrecruzamentos, e "rupturas de campo"[11], possibilitadores da emergência de novos sentidos.

---

[10] "O Campo Psicanalítico – é isto que situa o discurso do paciente na área da interpretabilidade (de significados possíveis), ou seja, é isto que, de todos os ditos, faz fantasias. Opera o Campo Psicanalítico através do desnudamento da organização intrínseca das fantasias (inconsciente), o que só ocorre pela condição relacional que dá valor de representação de presença em face do analista às fantasias nele constituídas (transferência)" (Herrmann, 1994, p. 33).

[11] Por essa expressão, Fabio Herrmann entende a ocorrência, no diálogo analítico, da ruptura sistemática do campo de pressupostos do discurso do paciente (1979, p. 18).

Propõe ao analista a tarefa de refazer o caminho descoberto por Freud, evitando, no que diz respeito à interpretação, o que chama de repetição dos conhecimentos adquiridos por meio das escolas psicanalíticas.

A esse respeito, pensa ainda que a relação que a Psicanálise estabelece com a "historicidade" se torna questão fundamental para pensar o mal-estar de outras ciências humanas com relação à Psicanálise. Credita às noções presentes em certos pressupostos freudianos, tais como a atemporalidade do inconsciente, e a algumas construções teóricas, que pretendem dialogar mais com o tempo filogenético e antropológico do que com o tempo histórico, a responsabilidade por esse estado de coisas.

Herrmann (1994) pergunta-se como uma disciplina que pretende desmistificar e criticar as ilusões, acolher os desencontros entre desejo e real, pode ser considerada fora de propósito – uma crítica frequente formulada por representantes de outras disciplinas. Diante de certas características de nosso tempo, tais como a insegurança de posições dos sujeitos, há de se reconhecer que a Psicanálise, por meio do saber transferencial, "faz uso de jogos posicionais que entretêm as subjetividades para gerar conhecimento novo"(p. 311). De outro lado, acha que a psicanálise deve recuperar a noção apropriada de "real psíquico", que envolve a redefinição de noções como real e realidade, desejo e identidade, para fazer face ao sistema de representação cultural atual.

Para Herrmann (1994), a história da cultura ocidental teria como síntese o desenvolvimento de um sistema de representações que mimetizaria o "real", a que damos o nome de "realidade". Sua contrapartida individual – o sistema de representações que tenta mimetizar a interioridade do sujeito humano – seria o que chamamos de "identidade". Desde sempre, a fidelidade dessas representações foi posta em questão, e a Psicanálise partilha da desconfiança em relação a esses sistemas na medida em que faz a crítica das ilusões e dos simulacros. A corrente psicanalítica de filiação hermenêutica funcionaria como antídoto a esse aprisionamento do sentido, mediante a valorização da interpretação como ampliação de possibilidades de significação.

Herrmann (1994) defende o ponto de vista de que as representações oferecidas pela cultura de massas circunscrevem, de certa forma, a "identidade individual". A proliferação de imagens enganosas da realidade – Herrmann cita como exemplo a propaganda religiosa e os simulacros oferecidos pela propaganda enquanto instituição social – levaria o sujeito a uma descrença do mundo, de si mesmo, da realidade e de sua própria identidade. É o que designa como "patologias da identidade".

As patologias da identidade ocupam atualmente um lugar de destaque, antes primazia dos distúrbios ligados ao recalque pulsional. Diz Herrmann (1994):

ANOMIA: RUPTURA CIVILIZATÓRIA E SOFRIMENTO PSÍQUICO 65

O novo paciente é, antes de tudo, um ser em confusão [...]
Tudo indica que o novo paciente do psicanalista de hoje
venha a ser a crise da representação do real e do desejo,
realidade e identidade que a função da crença já não sabe
sustentar devidamente. (p. 321-322)

Continuando, afirma que a

[...] psicanálise nutre-se de imagens, ao mesmo tempo em
que opera no sentido de desmistificá-las. Acostumamo-nos
a conceber as produções conscientes como uma imagem
analógica de seu inconsciente (do paciente). Entra aí o
papel fundamental que joga, para nós, o conceito de metáfora [...] Uma representação comunicada pelo paciente
a seu analista pode funcionar, metaforicamente, como
via de acesso a outras representações inconscientes [...]
atribuímos ao inconsciente a mesma forma de ser da consciência interpretada, criando a concepção aproximada de
um inconsciente-palco, em que as imagens, ou fantasias,
se compõem e se recompõem [...]; a prática interpretativa
tem consistido [...] em traduzir o discurso do cliente como
metáfora de um cenário de imagens desconhecidas para
ele. (p. 323)

Cabe à Psicanálise, ao examinar o mundo que deseja
elucidar,

[...] admitir que o real, operando sobre ou através da psique humana, no último caso enquanto inconsciente, não possui forma análoga, não é imagem figurativa, sem que por isso deva ser imagem digital. A natureza maior do saber de nossa época pode ser, talvez, a descoberta do desconhecido enquanto desconhecido e sua utilização racional, o abandono dos modelos analógico-imagéticos de compreensão: no caso da psicanálise, o reconhecimento da insubstancialidade irrepresentável do inconsciente como tal, sem que se possa apelar à noção de metáfora para afirmar que a consciência é uma metáfora do inconsciente ou vice-versa. Ou seja, nosso saber sobre o inconsciente deve também passar por um mal-estar. (p. 324)

Em outras palavras, isso significa que, na prática clínica, não deve o analista estar à procura de traduções do discurso manifesto ao latente para apresentá-lo ao entendimento do analisando. Busca-se tão somente a ruptura de pressupostos aprisionadores da equivocidade essencial do discurso, ensejando a irrupção de sentidos, nem mais nem menos verdadeiros do que o manifesto. "A plurivocidade potencial das conotações da fala constitui, para nós, a máxima aproximação concebível ao inconsciente" (p. 325).

Para Herrmann (1994), este é o momento da psicanálise. O psicanalista ocupa sua posição de investigador da psique humana, sem incidir no primarismo de pretender separar indivíduo e sociedade, para depois confundi-los, usando esquemas individuais na interpretação do social.

Essa conduta clínica responderia melhor às perturbações de identidade e crenças tão características de nossos pacientes.

> Não há muito que lamentar na crise conceitual presente, exceto a perda eventual da ingenuidade que nos permitia imaginar um conhecimento direto do inconsciente, como reflexo de processos formadores da mente que nunca se demonstraram adequadamente. A clínica que nasce da crise da representação no fim do milênio é perfeitamente consistente, e, ao que tudo indica, mais eficaz. Trata-se, pois, de uma contribuição que a crise presente faz à psicanálise, não o contrário: não me parece que nossa ciência e nossa prática estejam ameaçadas de morte, mas apenas de transformação. (p. 325-326)

Herrmann (1994) conclui que a interpretação do psicanalista não é a sua palavra, mas o encontro eficaz entre dois discursos, cujo choque rompe a fala rotineira de seu paciente, liberando-lhe os sentidos potenciais, ocultos pela prevalência de um campo relacional dominante, no indivíduo ou na sociedade.

E encerra seu ensaio falando-nos acerca da psicanálise brasileira, enfatizando o colonialismo cultural a que estão submetidos os países do terceiro mundo em geral. Segundo ele, tentamos fazer-nos aceitos pelos centros que idealizamos, introjetando seus valores como desejáveis e inalcançáveis ao mesmo tempo. A ambivalência em relação ao terceiro mundo revela-se a partir de um desprezo pela nossa sociedade e pelos nossos concidadãos, por nossa história e por nossa língua, que só pode manter-nos no subdesenvolvimento. Nos círculos psicanalíticos, perdoam-se, com relativa facilidade, as importações de conhecimentos como verdades reveladas, porém observa-se um repúdio a alguém que cria originalmente, revelação talvez incômoda por explicitar nossas potencialidades. O mal-estar na cultura do terceiro mundo decorre da crença em que tal mundo exista como metáfora rebaixada do primeiro.

Joel Birman (1997), em "Um futuro para a psicanálise – sobre os impasses atuais do psicanalisar", propõe uma reflexão crítica de ordem clínica, que se anuncia como possibilidade futura para a Psicanálise.

Se pudesse, em uma sentença, sintetizar seu pensamento, ficaria com a seguinte frase: "o futuro da psicanálise se funda num projeto ético e estético sobre o sujeito" (p. 141). Deslocando o discurso freudiano do campo da análise científica para o que ele vai denominar de "estilística da existência", Birman pretende pensar o trabalho atual do psicanalista nos eixos clínico, cultural e político. Diz ele:

> Enunciar isso é formular que não é a idéia de cura o que direciona a descoberta psicanalítica nos seus primórdios e o que orienta as condições de sua prática no final do século. A finalidade da psicanálise seria a de constituir as condições de possibilidade para que o sujeito possa se coordenar nos registros do símbolo e da estesia pulsional. (p. 142)

Birman (1997) retoma a noção de "desamparo" na trilha do texto freudiano. Diante dos impasses atuais em que o desamparo do homem atinge limiares abissais, concorda que a Psicanálise deve posicionar-se, uma vez que o mal-estar na civilização sempre foi matéria-prima do saber psicanalítico. Sua sobrevivência histórica e seu fôlego no universo da cultura dependem de sua articulação com esse mal-estar.

Situa no Iluminismo a condição histórica que permitiu a emergência da psicanálise no fim do século XIX. Essa corrente filosófica pensa o sujeito em um mundo sem Deus, racional, científico, desencantado. A nostalgia do sujeito, enquanto desejo de reaver a presença desse Deus-Pai protetor, marca, para a Psicanálise, um hiato entre a força pulsional e o universo simbólico; é o que Birman chama de "desamparo estrutural", pelo qual o sujeito estaria inexoravelmente fundado em uma assimetria entre os registros da força pulsional e os da representação, o que o obrigaria a um esforço infinito de simbolização a fim de preencher essa fenda que se mantém.

Como a psicanálise responde, na condição de saber e prática, ao desencanto da quebra dos nossos ideais?

Para este autor, diante desse irremediável destino, o homem deverá recriar permanentemente o mundo. Em contrapartida, o horror produzido pelo desamparo provoca um movimento defensivo de encantamento pela produção de seres superpoderosos. O reflexo da presença desses seres dá-se em diferentes registros: na religião, na ideologia, na ciência e na droga. Assim o sujeito recria o encantamento do mundo, inserindo formas de segurança e proteção contra seus abismos.

Durante o trabalho da recriação de um mundo simbolizável – única possibilidade de apaziguamento das fontes pulsionais –, as drogas surgem, fascinam e tamponam temporariamente a inquietação dolorosa do intervalo entre os dois polos descosturados do sujeito – a força pulsional e a representação.

Ainda que saibamos que a droga não é uma invenção cultural da modernidade – a Antropologia nos diz que ela está presente em qualquer ordem social –, sua funcionalidade social se transformou nas últimas décadas. Para Birman (1997), ela funciona enquanto "objeto fetiche", porque oferece um curto-circuito atraente para o sujeito no seu confronto com a "castração".

Segundo esse autor, no discurso psicanalítico já encontramos uma leitura desse "mal-estar da/na civilização", caracterizando-o como ilusório, pois procura soldar o intervalo referido acima. Birman (1997) introduz uma correlação histórica entre a difusão das drogas e dos psicotrópicos – esses últimos vistos como drogas autorizadas cientificamente. Ambas prometem a estesia do gozo, sem passar pelo difícil trabalho de simbolização e da perda. Nesse viés, deve-se registrar o fato de que a revolução farmacológica não é inócua, e, em escala social, torna-se devastadora enquanto prescrição aos males angustiantes da civilização.

Tanto no presente como no futuro, cabe à Psicanálise – enquanto saber produtor do sujeito da diferença e contra os processos de promoção fetichista – inscrever-se no intervalo do desamparo da civilização e romper esse circuito perverso do sujeito, redimensionando-o a fim de que possa recriar, para si, uma forma possível de ser, singular e distinta. Nisso consistiria o que Birman (1997) chama de *estilística da existência*.

O autor acredita ser essa a angústia fundamental deste fim de século. A matéria-prima do psicanalista é a "tragicidade" do destino. Mas afirma que o romantismo freudiano não se espantaria com esse cenário, pois o desamparo do sujeito é a-histórico.

O que é novo é que a emergência de novas modalidades de crenças e evangelização do mundo ocidental ocorre em um momento de ceticismo crescente em face do poder da ciência. O futuro da Psicanálise estaria na possibilidade de se diferenciar dessas ondas homogeneizadoras do sujeito, em direção à promoção ética da diferença e da singularidade.

Para que esse contraponto diferencial aconteça, os analistas devem assumir radicalmente os riscos implicados na função de psicanalisar. A ocupação efetiva desse lugar simbólico é marcada pelo risco constante. De fato, a alternativa – sempre presente para o analista – de colocar-se no lugar de um pai protetor seria, para Birman (1997), em última análise, equivalente às escapatórias oferecidas pela droga e pela religião. Por essa razão, a comunidade analítica deve voltar-se para um exame crítico das suas formas de transmissão da psicanálise.

Birman (1997) oferece o seguinte diagnóstico do fracasso atual de transmissão da psicanálise: haveria uma guerra permanente entre grupos institucionais e diferentes tradições psicanalíticas. O elemento que manteria tais grupos e tradições coesos seria a fidelidade transferencial ou transferência idealizada, cuja impossibilidade de resolução impediria, em última análise, a transmissão da psicanálise enquanto saber e experiência clínicas.

O autor denuncia a repetição desse impasse no âmbito institucional. Para ele, a "sublimação" seria a saída possível para alcançar a transformação simbólica do objeto do desejo e da modalidade de investimento. Se isso não ocorre, caberia dividir a responsabilidade entre analista e analisando. O primeiro perseveraria no lugar de pai protetor, enquanto o segundo resistiria em abandonar a posição resguardada do horror do desamparo. A análise pessoal assumiria, nesse contexto, uma feição pedagógica ou mesmo religiosa, pois fica excluída a possibilidade de emergir o sujeito da diferença e do acesso ao reconhecimento do outro. Assim, o processo de transmissão da psicanálise padeceria de vícios que o aproximariam do que ocorre no mundo das drogas e das religiões.

O futuro da Psicanálise fica, portanto, nas mãos dos psicanalistas, ou melhor, em saber que lugar ocupam na cena de sua estrutura psíquica, como sujeitos, na cena transferencial como analistas e analisandos e na cena social do campo psicanalítico. São lugares intimamente intrincados e dependentes da articulação de diferenças.

Para Birman (1997), os obstáculos que a Psicanálise atravessa no Brasil já se materializaram há algumas décadas nos

Estados Unidos e na Europa. Não se trata de uma crise no plano conceitual, mas no plano clínico, ético e político-social, atingindo o sistema de transmissão e colocando em questão o que se concebe como ato de psicanalisar. Superá-la implica a sobrevivência da psicanálise. Acredita que as associações psicanalíticas mundialmente conhecidas sobreviverão tal qual sobrevive a Igreja e seus correlatos sistemas de religiosidade, calcados no desamparo da humanidade.

Concluindo, reitera a inesgotabilidade do conflito, fundamento da ética psicanalítica a ser preservado. Não existe cura nem salvação. Apenas a possibilidade de invenção, realizada no plano do símbolo e do objeto. Como citamos anteriormente, a Psicanálise passa a ser uma estilística da existência, uma maneira de promover no sujeito essas invenções ante o horror do desamparo. Um segredo de Polichinelo.

Finalmente, para terminar minha ilustração sobre a maneira como alguns psicanalistas lidam com a crise na clínica, escolhi um capítulo do livro de Jurandir Freire Costa (1989): "Psicanálise e contexto cultural". Esse ensaio, que se propõe examinar as implicações teóricas da psicoterapia de grupo – ao mesmo tempo que a institui como uma das possibilidades de abordagem da crise –, contém um capítulo de diagnóstico dos parâmetros implícitos nos atendimentos clínicos em instituições públicas, evidenciando a presença do mal-estar, tal como ocorre nos atendimentos privados.

Nesse texto, Costa (1989) pesquisa, por meio de atendimentos clínicos realizados no ambulatório do Centro

Psiquiátrico Pedro II, no Rio de Janeiro, os modelos que a comunidade especialista brasileira utiliza no atendimento dos problemas mentais. Para ele, esses especialistas desenvolveram uma certa operatividade de atendimento, centrada em um reconhecimento nosográfico clássico e consagrado, em que qualquer distúrbio apresentado poderia ser entendido ou explicado a partir de uma mesma noção de funcionamento do aparelho psíquico, concebido sobretudo no modelo conceitual psicanalítico.

Essa generalidade teórica, acrescida de suas consequências técnicas, esbarrou em uma clientela que, ao descrever seu mal-estar, driblava a nosografia tradicional: os pacientes queixavam-se de "doença dos nervos". Costa (1989) afirma que, apesar de conhecerem o quadro, que não era novo, os profissionais insistiam em prescrever psicotrópicos ou constatar a incapacidade desses pacientes de se submeterem a qualquer modalidade psicoterápica. O autor diz-nos que

> [...] descontados os motivos mais palpáveis deste mau atendimento (carência de pessoal, despreparo técnico, e a negligência irresponsável com que se trata o cliente pobre no país), a provável razão desta apatia teórico-técnica pode ser tributada aos preconceitos presentes em nossas concepções clínicas: a crença no valor universal da classificação nosográfica e uma certa representação de aparelho psíquico. (p. 17)

Por mais que se saiba que não existem doenças e sim doentes, que o distúrbio psíquico é uma reação subjetiva a agressões de diversas origens socioculturalmente condicionadas, para esse autor é impressionante a capacidade de resistência que tem o preconceito diante de críticas e de bom-senso. Assim conclui, após extensa exposição, que a diversidade cultural trazida pelos pacientes durante muito tempo ecoou aos ouvidos desses profissionais como "coisa de índio". A universalidade do distúrbio psíquico não significa invariância das expressões psicopatológicas. Desse modo, a queixa apresentada de "doença dos nervos" deveria ser investigada dentro de uma particularidade sociocultural, disseminada nas classes trabalhadoras como uma expressão de um adoecer mental. Um dos resultados obtidos pela pesquisa foi que a expressão denotava, por um lado, uma situação conflitiva no trabalho e, por outro, uma pregnância da imagem corpórea enquanto veículo de elaboração de suas identidades subjetivas. A "doença dos nervos" era, em síntese, uma estratégia de sobrevivência. Diz-nos Costa (1989) que se tratava de neurose, sim. Mas com o selo inconfundível de um esquema cognitivo-representacional, típico das populações de baixa renda, às voltas com a sobrevivência física, psíquica e social.

A representação "doença dos nervos", além de desmentir a ideia essencial e universal do distúrbio psíquico, era descrita pelos pacientes a partir de reordenações fragmentadas de saberes adquiridos em suas situações práticas de vida que, tal qual uma *bricolage*, lhes serviam como um arranjo explicativo para suas dores. Aos ouvidos dos especialistas poderiam parecer incompatíveis com um modelo preconcebido de tipo intelectual-acadêmico. Era a maneira possível e disponível para pensar a "doença dos nervos", fazê-la circular entre as representações disponíveis, uma vez que os especialistas estavam interessados tão somente na busca de sentido para naturalizar a estranheza do conflito.

Costa (1989) observa que a fragmentação sentida por esses pacientes era relativa ao padrão do conhecimento psicológico-psiquiátrico. Nesse caso, também podia-se pensar pelo seu avesso, ou seja, o discurso fragmentado provinha do pensamento científico, uma vez que o popular se mostrava totalizante. Desse ponto de vista, a representação da causalidade torna-se indissociável da subjetividade que a produz. Operar uma decodificação de tal natureza atesta tão somente que o sujeito concebe sua identidade de modo que permita que uma causalidade desse gênero se faça possível.

Os especialistas, habituados a pensar a neurose como um desequilíbrio cujos conflitos sexuais, afetivos e familiares têm sua origem em um período infantil, esbarram em queixas, em tais pacientes, relativas a: pancadas na cabeça, convulsões quando crianças, desgostos pela marginalidade dos filhos ou porque a filha se perdeu, marido violento, vizinha invejosa... Costa (1989) observa ainda que não pretende, com esta argumentação, esvaziar a escuta ou mesmo contentar-se com essas queixas conscientes advindas de racionalizações egoicas. O que quer salientar é que as razões oferecidas por esses clientes para justificar a "doença dos nervos" não são nem mais nem menos profundas do que razões do tipo: *sou assim ou isso me acontece porque meu pai, minha mãe agiram, sentiram, desejaram...* Pai, mãe, sexo, agressividade são a matéria-prima dos conflitos psíquicos tanto da zona sul quanto dos subúrbios[12], sendo os últimos bem diferentes da forma estereotipada que o imaginário da cultura psicanalítica congelou, para oferecer aos consumidores dos *mass-media*.

Costa (1989) pretende mostrar que a representação de subjetividade que prevalece entre muitos terapeutas formados em teorias psicológico-psiquiátricas está bem longe de representar a totalidade dos indivíduos brasileiros, porque esses profissionais espelham uma realidade sócio-historicamente datada e culturalmente circunscrita. Para esse autor, é da matriz social que também emerge a representação hegemônica da subjetividade dos profissionais. A progressiva nuclearização e privatização da família, a valorização exorbitante da intimidade psicológica e da sexualidade (pedagogia do corpo), a dissolução da moralidade religiosa e repressiva, substituída pela moralidade descartável e permissiva da moda consumista, é o que se tornou objeto de tematização compulsiva dos indivíduos nos atendimentos psicoterápicos e psicanalíticos. Entretanto, essa identidade psicológica, ao deixar o domínio do consultório, perde sua universalidade. Tal afirmativa, levada às últimas consequências, permitiria concluir que as camadas populares

---

[12] Costa (1989) refere-se à zona sul (lugar de habitação das classes mais privilegiadas) e aos subúrbios da cidade do Rio de Janeiro.

estariam mais distantes do inconsciente. Ironicamente, o autor afirma que, além da concentração de riquezas, saúde, beleza, cultura, haveria também concentrações de "verdades inconscientes". "Ninguém está mais próximo do conflito inconsciente porque deixa de falar de conflitos do trabalho para falar de querelas de *boudoir*" (p. 28). Para ele, a essência da subjetividade está na aparência, na superfície do discurso, em que o ego narcísico mostra ao outro sua face ideal.

Costa (1989) afirma que o risco da escuta desses profissionais reside na ilusão essencialista da doença que, ao impor uma teoria universal do aparelho psíquico, erige como o verdadeiro sentido ou a realidade última do conflito psíquico uma forma de representação pautada em estereotipias. Conclui afirmando que, moralmente, o terapeuta pode até achar que um estilo de vida seja preferível a outro, mas não poderá afirmar que seu estilo preferido de viver tenha mais substrato inconsciente que o outro. Os conteúdos recitados, tecidos, ditos, reditos, vividos por meio de aparições súbitas de imagens ou palavras sem sentido podem ser ressignificados independentemente de qualquer vontade consciente.

O *setting* analítico, ainda que apresentado como condição de assepsia contra a contaminação social, não invalida a constatação de que todo enquadramento é um dispositivo social, construído a partir de condições possíveis pelo vínculo da relação psicanalítica. Não existe o "ouro puro" do inconsciente ou da realidade psíquica. Criam-se as condições favoráveis à livre associação, à transferência e à interpretação. Porém, outros efeitos sociais não estarão impedidos de agir sobre o vínculo. A crítica recai, e fica impossível não lembrar a lenda de Procusto[13], nos destinos que toma o enquadramento como dispositivo, pois, uma vez criado, em seguida torna-se a condição necessária e suficiente para toda e qualquer terapia.

Nesse sentido, o enquadramento desaparece quando as condições sociais ganham relevo. As questões, as interrogações e a abstenção de injunções imperativas, assim como as cláusulas contratuais – como duração fixa das sessões e frequência regular –, não são adequadas à experiência cultural de muitos clientes.

O que me norteou até aqui foi o propósito de circunscrever a especificidade clínica neste início de século, considerando que, nesse meio tempo, houve mudanças muito rápidas, além de outros fatores anteriormente considerados. O levantamento de parte da literatura existente a respeito deste tema conduziu-me até aqui. Minha trilha agora é buscar um diálogo com esses três autores: procurar apontar seus pontos de acordo e suas diferenças e examinar como podem auxiliar-me na tarefa de avançar na compreensão das demandas clínicas atuais.

O diálogo com os três autores demonstra a presença de um mal-estar rondando os atendimentos clínicos. Suas observações apontam para fatores multideterminantes presentes

---

[13] "Segundo uma lenda grega, Procusto era um bandido que oferecia sua hospitalidade aos viajantes perdidos. Ele deitava-os sobre uma cama de ferro, e, se fossem mais longos do que a cama, ele cortava o que sobrava. Se fossem mais curtos, esticava-os à força" (Mannoni, 1991, p. 11).

quando se analisam a clínica e os caminhos futuros da Psicanálise. No entanto, cada um presta sua contribuição elegendo uma ou outra ponta da meada para desenvolver suas ideias.

A crise atual da Psicanálise é, para Fabio Herrmann (1994), antes de mais nada, uma crise conceitual. O mal-estar, para ele, repousa na ausência de uma noção sadia do real, necessária como contraponto ao excesso de representação imagética existente na cultura ocidental. Vejamos como ele aborda essa questão. Critica as formas modernas de informação e vê um perigo na evolução da tecnologia, que suplanta, e muito, a capacidade dos sujeitos de acompanhá-la, gerando uma crença suspeitosa em tais progressos e provocando, ao mesmo tempo, encantamento e desconfiança, pois sentem que estão sendo iludidos. Como resultado, uma descrença do mundo, de si mesmo, da realidade e da identidade. A clínica não deve negligenciar essas consequências.

Para Herrmann (1994), é necessário abandonar a concepção de inconsciente enquanto um depósito de imagens que se expressariam de forma enigmática no discurso manifesto. O inconsciente seria, para ele, um "reino sem substância cognoscível" (p. 324): um inconsciente sem imagem verdadeira a buscar, sobre o qual se deve operar na ruptura dos sistemas de pressupostos que, segundo ele, aprisionariam o discurso do paciente, criando na clínica uma possibilidade da emergência de novos discursos.

Assim, o essencial das alterações propostas por Herrmann (1994) para a técnica psicanalítica recai sobre a interpretação, que se apoia sobretudo na polissemia própria dos discursos humanos.

Dessa forma, questiona as interpretações analógicas, os *settings* aprisionantes, trazendo como contribuição outra noção de inconsciente, que ele chama de "relacional", com a finalidade de ampliar o campo de intervenção interpretativo. A grande contribuição desse autor para a compreensão da clínica atual é sua nova teorização acerca da interpretação, bastante valorizada, na medida em que não visa a uma origem, mas ao que comparece no agora da sessão, no confronto entre as falas do paciente. É desse confronto que nasce um novo sentido, possibilitador de transformação.

Em essência, a tônica de sua reformulação reside em recriar a noção de inconsciente e examinar as consequências para o método interpretativo. O que chamamos de realidade – um sistema de representações coerente que mimetiza o real propriamente dito – comparece na clínica por meio do que ele chama de "patologias da identidade". Cabe aqui indagar se não é possível uma outra abordagem em que o real se manifestasse como algo irredutível, não necessariamente analisável apenas a partir de tais patologias. No decorrer do presente trabalho pretendo retomar esse tema.

Fiel herdeiro da teoria clássica, Joel Birman (1997) privilegia como justificativa para o mal-estar da clínica atual duas noções bem freudianas: a de "desamparo" a que a humanidade está eternamente condenada e a assimetria entre a pulsão, que não cessa de se apresentar, e os sistemas de representação. Isso manteria a humanidade no dever de recriar indefinidamente ordens simbólicas, a fim de preencher essa fenda.

Assim, a clínica psicanalítica futura deve privilegiar a construção, por parte do paciente, de narrativas próprias, que falam incessantemente da posição inelutável desse sujeito, pressionado, por um lado, pelas forças pulsionais e, por outro, pela necessidade de preencher a fenda entre essa apresentação e os sistemas de representação oferecidos pela linguagem. É o que Birman denomina de estilística da existência.

Para ele, a saída possível da psicanálise é distanciar-se das práticas homogeneizadoras oferecidas pelo contexto cultural para preencher essa falha (drogas, religião). Essa possibilidade sempre esteve presente no campo da Psicanálise. No entanto, segundo Birman (1997), essa diferenciação atualmente não ocorre por causa de um exercício adulterado da prática psicanalítica: a perpetuação do analista no lugar de um pai protetor seria, para ele, equivalente, do ponto de vista do paciente, às saídas fáceis oferecidas pelo contexto cultural.

Ainda segundo Birman (1997), a razão fundamental desse descaminho é um fracasso na transmissão da psicanálise. Seu percurso consiste agora em atribuir esse fracasso a certos vícios das instituições psicanalíticas, tais como as guerras permanentes e as discordâncias teóricas. O elemento transformador e fértil, inerente a essas questões, não se revelaria, pois o confronto seria permanentemente evitado, em última análise, para manter uma fidelidade transferencial idealizada.

Em síntese, a responsabilidade de resgatar a força transformadora da psicanálise estaria nas mãos dos psicanalistas, tanto como membros de instituições que transmitem a psicanálise como o de analistas e analisandos.

Assim, a ideia de uma estilística da existência é, para Birman (1997), o articulador teórico que permite pensar o sujeito entre os eixos da pulsão e da linguagem. No entanto, a ineficácia dessa formulação, que se revela cotidianamente nos consultórios, é atribuída por ele a um defeito na transmissão da psicanálise. É legítimo indagar, no entanto, se a análise que Birman (1997) faz das instituições não deixa de lado o fato essencial de que estas, bem como seus atores – os psicanalistas –, não são entes a-históricos, mas inseridas no mesmo mal--estar a que estão sujeitos os pacientes que acorrem a nossos consultórios e a outros atendimentos.

Jurandir Freire Costa (1989) também atribui boa parte do desconforto presente na prática clínica aos próprios psicanalistas. No entanto, centra sua reflexão em formas de alertar os especialistas para o exame de outros fatores, advindos dos efeitos sociais, presentes nos atendimentos. Esses fatores não podem ser reduzidos a questões psicanalíticas de ordem técnica ou teórica.

Como exemplo da dificuldade de captação desses efeitos, ele aponta uma má escuta existente no trabalho dos clínicos atuais, perdidos em um fazer cotidiano de um trabalho repetitivo e mouco. De um lado, observa essa inadequação e, de outro, aponta para uma relativização da classificação nosográfica clássica e dá indicações de que uma certa representação do modelo de aparelho psíquico pode ser uma das causas dessa surdez.

Privilegiando os aspectos históricos e sociais nos atendimentos, Costa (1989) defende a ideia de que o enquadramento clínico é um dispositivo social, conduzido dentro das possibilidades abrangentes da relação analítica: associação livre, atenção flutuante, transferência, interpretação, porém sempre levando em consideração a presença de outros efeitos sociais que agem sobre o vínculo analítico.

Costa (1989) retoma as expressões "doença dos nervos", "nervosismo", "estado de nervos" e "sistema nervoso" – empregadas desde os tempos de Freud para designar as histéricas – para mostrar o preconceito existente entre os terapeutas quando se toma um único modelo de comunicação humana. Para ele, esses profissionais estão aprisionados em um modelo arcaico de um referente fixo, ligado à medicina tradicional, porém ainda conservado pela cultura popular; acreditam que seus pacientes, ao dizerem que "sofrem dos nervos", se tornam vítimas de suas próprias expressões: são resistentes ao tratamento e reivindicam medicação. A conclusão direta dos especialistas é que se trata de uma "questão cultural", e isso se torna motivo suficiente para não se fazer nada.

Em resumo, esse autor defende que o modelo de aparelho psíquico deva ser historicizado, aponta uma escuta inadequada quando os sintomas fogem ao habitual clássico e alerta que uma escuta adequada do psicanalista conduziria a uma reformulação da clínica.

Ao terminar este capítulo, espero ter esboçado um panorama expressivo dos embaraços presentes nos atendimentos clínicos públicos e tradicionais.

As formas com que os analistas têm procurado superar esse desconforto são extremamente variadas. Alguns procuraram uma inserção em instituições norteadoras de políticas de saúde, outros mantiveram-se em seus consultórios, mas buscaram, por meio de reformulações teóricas, incluir esses pacientes "rebeldes" em sua prática clínica. Os êxitos são de graus variados, como espero ter ilustrado.

Ao longo do texto, expressei ainda meu próprio desconforto e as questões que julgo centrais na crise da clínica atual. Ao término desta exposição, resta a convicção de ter apresentado uma parcela da opinião de psicanalistas que estão envolvidos diretamente tanto com a teoria como com o fazer clínico. Os três autores citados, cada qual à sua maneira, opinaram acerca do futuro da Psicanálise e sua prática e apontaram algumas causas do mal-estar e alguns subsídios para sua compreensão. Compartilho a opinião desses autores, mas pretendemos caminhar em uma outra direção em que a transferência, a associação livre, a interpretação, as derivações sublimatórias e as concepções de tratamento e de enquadramento não são excludentes e impossibilitadoras de que outros efeitos sociais – diferentes dos apontados por Costa (1989) – se produzam entre analista e analisando e venham a agir sobre eles.

De meu ponto de vista, as mudanças vertiginosas trazidas pelos novos recursos da tecnologia e as novas relações de produção próprias do mundo globalizado alteraram o tecido social de forma radical, como atestam as novas formas de lazer, que lembram o hedonismo da Viena da *Belle Époque*.

Esse dado penetra os consultórios de psicanálise – por meio de nossos pacientes – e permeia a prática clínica de uma forma irredutível, não assimilável a problemas de enquadramento ou outros dissabores da técnica.

Para examiná-lo, buscarei recursos na sociologia de Durkheim, contemporâneo de Freud.

2.

A ANOMIA

A sociologia trata das leis que regem as condições de vida dos indivíduos agrupados na coletividade. O direito resume em regras concretas os princípios a que devem adaptar-se os indivíduos se pretendem seguir sendo membros da sociedade. Esta adaptação é antes de tudo um processo psíquico [...] Quando tento definir o principal mérito da psicanálise e o meio do qual ela revolveu as águas estancadas da psicologia [...] tenho que mencionar o descobrimento das leis e os mecanismos da vida psíquica inconsciente.

(Ferenczi, 1913)

O propósito deste capítulo consiste em examinar as possibilidades que o conceito de "anomia" – tal como é utilizado por Durkheim (1893) e outros sociólogos – oferece para a compreensão da complexidade clínica que ora é estudada. A indagação básica é saber qual a correlação possível entre a noção de anomia e a ausência de lei, entendida dentro do contexto psicanalítico, e por quais mediações passaria esse encontro.

Vários momentos da história da Psicanálise testemunham em favor de um diálogo fértil entre esta e as ciências sociais. Podemos encontrar tal interlocução em uma extensa lista de escritos de Freud, produzidos desde 1907 até próximo à sua morte, em 1939, no apêndice do vol. XIII de suas obras completas. No texto *Totem e tabu* (1913a), destacou como bibliografia principal, em sua pesquisa etnográfica sobre o totemismo, além de outras, as obras de J. G. Frazer e Andrew Lang, um livro e vários textos de Durkheim publicados na revista *L'Anée sociologique*[1]: "As formas elementares da vida religiosa" (1912), em que o sociólogo estuda o sistema totêmico na Austrália, "A proibição do incesto e suas origens", "Sobre o totemismo" e "Sobre a organização matrimonial das sociedades australianas".

No livro *Lacan*, biografia publicada por Roudinesco (1994), apesar de Durkheim ser citado em vários momentos, nota-se apenas uma influência indireta desse autor sobre Lacan mediante a obra de Koyré e Georges Bataille. Este último cita o trabalho do antropólogo Bronislaw Malinowski, primeiro a elaborar uma doutrina funcionalista e depois culturalista em Antropologia que se aproxima da teoria freudiana. Ao elaborá-la, inspirou-se na temporada passada na ilha Trobiand, no Pacífico Sul, onde partilhou sua vida com os habitantes e desenvolveu uma teoria a respeito da existência de uma estrutura matrilinear de parentesco entre os moradores. É

---

[1] *L'Anée sociologique* foi fundada por Durkheim em 1896.

nesse cenário teórico de discussões, entre 1949 e 1950, que Lévi-Strauss se torna, na França, o verdadeiro fundador da antropologia moderna. A formulação definitiva da noção lacaniana de inconsciente é tributária da antropologia estrutural de Lévi-Strauss, na medida em que esta abole a noção de família em favor da de parentesco. Tal formulação permite a fundamentação da vivência edípica "na existência de uma função simbólica compreendida como lei da organização inconsciente das sociedades humanas" (p. 221).

No ano de 1958, José Bleger (1963), em *Psicoanálisis y dialéctica materialista*, integra à noção de anomia proveniente de Durkheim o conceito de "alienação" elaborado, em diferentes caminhos, por Marx, Rousseau, Feuerbach, e, sobretudo, por Hegel.

Para Bleger (1963), a anomia deve ser entendida como "o estado de desorganização social em que os indivíduos se sentem incapazes de integrarem-se em relações sociais, têm o sentimento de viver uma vida vazia, de não serem felizes [...]" (p. 186).

Ele também observa que:

> [...] a alienação é o fenômeno que se produz em condições histórico-sociais definidas, [...] em que as relações humanas se subvertem de tal maneira [...] se coisificam, e perdem a qualidade de comunicação direta e plena. Na medida em que o homem se "coisifica", [...] porque se aliena de suas qualidades humanas, se esvazia, se empobrece, [...] os objetos se

animizam, adquirem propriedades humanas e ficam dotados de um poder que escapa ao controle dos homens, porque estes já não reconhecem estas qualidades dos objetos como [...] inerentes ao ser humano e, inclusive, ficam submetidos a esta potência dos objetos como potências estranhas. (p. 186-187)

Em seguida, agrega o paradoxo de que

[...] os seres humanos produzem os meios para satisfazer suas necessidades em determinadas relações de produção, mas estes objetos, produto do trabalho humano, ingressam em um curso e movimento próprio não controlados [...], aparecendo como independentes frente aos seus próprios produtores. Os homens ficam submetidos a suas flutuações como [se estivessem] frente a seres estranhos, onipotentes. Foram-se animizando os objetos produzidos pelo homem na medida em que este se coisificou. (p. 187)

O conceito de alienação que Bleger (1963) entende que deva ser integrado ao de anomia corresponde a estudar, de um lado, o isolamento dos seres humanos, em todas as suas gradações e, de outro, a comunicação direta cada vez mais difícil, exigindo o uso intermediário de jogos e emissários.

O homem se sente vazio, desgraçado, inerme, frustrado [...] É preso, ameaçado e dirigido por objetos, pessoas e circunstâncias que ele não controla, nem dirige. Nestas condições habituais e regulares da alienação, radicam os núcleos que com um incremento quantitativo se relacionam com o sentimento de automatismo, idéias e delírios de influência, sentimentos de posse etc. (p. 188)

Dada a sua filiação teórica a M. Klein, Bleger (1963) entende teoricamente a anomia em termos de fragmentação do eu, divisão esquizoide, projeção.

No âmbito desse ensaio, o diálogo com as ciências sociais será bem mais restrito. A noção de anomia, acompanhada de um certo recorte das ideias de Durkheim (1893) e outros sociólogos, será, de início, um instrumento de linguagem privilegiado para abordar a complexidade das manifestações clínicas descritas no capítulo 1. Mais à frente, no capítulo 3, são introduzidas algumas reflexões que apontam para um diálogo entre a anomia e as concepções teóricas que embasam a clínica atual, se estas são entendidas de uma maneira mais livre.

História do conceito e seu uso em Durkheim

Émile Durkheim é conhecido como o maior sociólogo francês. Criou a famosa Escola Sociológica Francesa e participou ativamente do debate intelectual sobre os problemas de sua época. Nasceu em Épinal em 1858 e morreu em 1917.

De família judia, seu pai era rabino e, durante certo tempo, acercou-se da religião tornando-se, após sua ida a Paris, agnóstico. Sua obra, de certa maneira, reflete os acontecimentos marcantes vividos durante as derrotas sofridas pela França: Sedan em 1870, a capitulação diante das tropas alemãs em 1871 e o "vazio moral da III República". Outros acontecimentos, como a promulgação da Lei Naquet (1882-1884), que instituiu o divórcio na França, a instrução laica, que permitiu o ensino gratuito e aboliu o ensino religioso (1879-1882), a morte de um filho e de alguns discípulos durante a Primeira Guerra Mundial, foram decisivos em sua trajetória científica. A "questão social", gerada pelos conflitos decorrentes das oposições capital-trabalho, patrão-empregado, burguesia-proletariado, também preocupava os intelectuais, além dos políticos. Um marco dessa bipolarização é a criação, em 1895, da CGT, *Confédération Générale du Travail*. O fim do século XIX e o início do XX são, de certa maneira, plenos de progresso e de esperança no futuro. Apesar das crises sucessivas, as inovações tecnológicas causavam repercussões econômicas: a era do aço, da eletricidade, o aproveitamento do petróleo como energia, o telégrafo, caracterizando o que se convencionou chamar a segunda revolução tecnológica. Marcando um avanço, temos o avião, o submarino, o cinema, o automóvel, o linotipo, a relatividade, a radioatividade, a teoria atômica, as vacinas, enfim, tudo o que se convencionou chamar de estilo de vida da *Belle Époque* (Rodrigues, 1995).

Foi, portanto, em tal cenário que esse sociólogo desenvolveu sua extensa obra, não resistindo aos novos e marcantes acontecimentos políticos representados pela Primeira Guerra (Rodrigues, 1995). Esses dois pensadores – Durkheim em Paris e Freud em Viena – partilham várias coincidências biográficas: ambos são originários de uma cultura híbrida, judaica de tradição e europeia de nascimento – o que tem consequências em suas convicções religiosas –, e ambos foram vítimas dos efeitos das Grandes Guerras. Suas trajetórias teóricas tangenciam-se quando, de certa forma, rompem com a oposição entre os campos do normal e do patológico, herdada da medicina tradicional.

No fim do século XIX, tanto a Sociologia como a Psicanálise buscaram quebrar a hegemonia do poder do discurso médico sobre o espaço mental e social. Foucault (1982) confirma que, no período anterior, se constituiu a representação moderna do social a partir do discurso médico que, em sua tradição secular, cunhou as categorias de normal e patológico.

Essas noções, centrais nas ciências humanas no século XIX, ganham uma nova dimensão no pensamento freudiano e durkheimiano: deixam de representar uma oposição para dialogar uma com a outra, como extremos de um contínuo.

No que se segue, veremos que é impossível estabelecer um conceito único de anomia. No entanto, a incorporação dessa categoria na discussão da análise da clínica atual e de seu mal-estar, a meu ver, agrega um elemento de prudência clínica e introduz o nível histórico nesse debate.

A anomia é um vocábulo com dupla significação: violação da lei, ou ilegalidade, e ausência de lei preestabelecida. Na Sociologia, é um fenômeno que indica carência de normas, de leis reguladoras, e que se estabelece durante determinadas circunstâncias históricas dentro de um dado grupo social (Velloso, 1994). A anomia pode ser entendida como o resultado da ruptura entre os objetivos individuais culturalmente estabelecidos e os meios socialmente instituídos para alcançar essas metas, produzindo, como consequência, a decadência e a desorganização da estrutura institucional dentro de um sistema social.

Não deixa de ser curioso notar que a noção de anomia foi, durante algum tempo, empregada para nomear certa anomalia de uma fase de transição evolutiva que toda sociedade moderna enfrentaria e que, no final, seria resolvida. Hoje é considerada pelos sociólogos uma patologia permanente da sociedade.

A inclusão desse fenômeno sociológico torna-se imprescindível em uma reflexão sobre a clínica atual, porque ele trata da perda de referenciais mínimos e organizadores da sociedade, que resulta do desmoronamento das funções reguladoras da ordem coletiva. Essa "ausência de normas", do ponto de vista social, é a baliza que falta ao cidadão para definir os objetivos de sua ação.

A história desse conceito indica a lenta e difícil evolução de uma ideia brotada no século XVI, com o historiador inglês William Lambarde (*apud* Merton, 1967), que descreveu a anomia como uma condição de certas sociedades, que traz "desordem, dúvidas e incertezas sobre todos" (p. 212).

Posteriormente, verifica-se na história do pensamento sociológico a existência de duas vertentes principais que abordam o conceito. Ele reaparece em 1893, com Émile Durkheim (1893), que o emprega desde o início como crítica à sociedade industrial. A segunda vertente é representada por Robert Merton (1967), em 1950-1960, e será examinada na próxima seção.

Nos termos elaborados por Durkheim (1893), a anomia pode ser reconhecida em nossos dias por meio dos bolsões vazios de pautas de conduta social e individual que a sociedade emergente pós-moderna experimenta. Sua percepção, já naquela época, dirigia-se à análise crítica da economia e ao impacto que a introdução de novos parâmetros econômicos implicava, gerando sofrimento em todas as camadas sociais, tanto diante de situações de prosperidade como de recessão. Segundo o sociólogo, não se poderia exigir da sociedade um ajuste instantâneo aos novos padrões, tampouco uma prática coerente. Essas transformações, dizia ele, requerem da sociedade um certo tempo para serem "reclassificadas", gerando, no intervalo, uma perda de todo tipo de regulação.

Em seu livro *Da divisão do trabalho social*, parte da constatação do paradoxo existente na sociedade industrial, cujo modelo seria a sociedade francesa de sua época. Para ele, a velocidade com que ocorrem as mudanças econômicas levaria à fragmentação social de uma sociedade fundada única e exclusivamente na absoluta liberdade de contrato da relação de trabalho; outras consequências seriam a exacerbação e o desvirtuamento do individualismo, as crises existenciais, o descontrole dos desejos e as permanentes insatisfações, mesmo em situações de êxito.

Considerado nos dias atuais um pensador conservador dentro das ciências sociais, Durkheim (1893) aproxima os impactos crescentes, produzidos pelos processos econômicos acelerados de modernização, do desprestígio conferido às instituições consagradas tradicionalmente pelos valores culturais. Dessa forma, atribui o foco de tensões e conflitos de sua época a um choque entre as pretensões da economia – que busca a eficiência – e a cultura – que preconiza a autorrealização.

Para esse autor, "a solidariedade mecânica" rege certas sociedades mais simples, que não se modificam porque as pessoas que as compõem desempenham as mesmas funções, compartilham os mesmos rituais, e não existe divisão de trabalho, tal como ela é entendida nas sociedades industriais. Essas sociedades dispõem de uma forma imediata de regulação, uma vez que, nelas, a divisão do trabalho – quando ocorre – é determinada por características de idade e de sexo. Assim, a divisão do trabalho, em si mesma, não impediria a emergência de forças reguladoras que criariam entre os homens sistemas de direitos e deveres, estabelecedores de vínculos duráveis.

No entanto, as sociedades mais complexas também disporiam de meios para atingir esse estado harmônico. Para explorar essa ideia, Durkheim (1893) introduz sua segunda noção: a de "solidariedade orgânica". Nesse tipo de sociedade, a consciência coletiva diminui e as diferenças individuais aumentam, na razão direta da complexidade produzida pelas mudanças econômicas. Para superar esse estado, é necessário um contato duradouro entre os diferentes segmentos, o que produziria, por fim, uma conciliação de objetivos, desejos.

Há duas noções de anomia em Durkheim: uma do jovem, mais otimista, e outra mais pessimista, nascida do sociólogo na maturidade. Na primeira, presente sobretudo em seu livro *Da divisão do trabalho social* (1893), a sociedade moderna, tal qual as funções dos órgãos do corpo humano, estabelece internamente uma relação de cooperação e de solidariedade orgânica. O quadro anômico – presente nas sociedades modernas –, que engloba a anarquia das ciências sociais e morais, as crises econômicas e o antagonismo entre patrão e empregado, não necessita de qualquer intervenção, pois espera-se que "brotará" espontaneamente um estado de coisas que, com o tempo, terminará a obra de consolidação e equilíbrio (Fernandes, 1996, p. 74). A anomia, que nessa primeira acepção conceitual promete um final feliz, isto é, um curso espontâneo à normalidade, permite o diagnóstico dos conflitos, antagonismos e crises da sociedade moderna.

A segunda noção nasce dentro de seu estudo sobre o suicídio. Durkheim (*apud* Aron, 1995) não foi o primeiro pensador a ocupar-se desse tema. Esse fenômeno já era analisado pelos filósofos da ética como uma forma de reflexão sobre os problemas morais.

Nessa segunda acepção, já não domina a mesma certeza quanto ao amadurecimento espontâneo do corpo social e nem quanto à expectativa curativa do tempo. Uma das consequências detectadas do estado anômico da sociedade foi a ocorrência de altas taxas de suicídio, levando o autor a afirmar que esse fenômeno era a expressão da patologia das sociedades modernas, e o suicídio a patologia mental dos indivíduos que se sentem insuficientemente regulados pela sociedade. O sociólogo repete incessantemente em seu texto que "é da natureza humana estar eternamente insatisfeita, permanentemente em avanço, sem descanso, para um fim indefinido" (*apud* Aron, 1995, p. 313).

Em sua monografia, da qual se originou o livro *O suicídio*[2], a condição, descrita como desilusão e raiva, cansaço, descontentamento, dificuldade de usufruir de resultados atingidos, era empregada tanto para aludir a estados anômicos como para descrever os motivos que, levados às últimas consequências, englobavam o ato individual de exterminar a própria vida. Durkheim (*apud* Aron, 1995) incluía, por exemplo, nessa classificação de suicídio, o ato de um comandante preferir levar seus soldados à morte a aceitar uma rendição; o do samurai que, por qualquer desonra, se mata; o de mulheres viúvas que preferem acompanhar seus maridos a se verem sozinhas; o suicídio de banqueiros arruinados.

Assim, o sociólogo denominava de suicídio os atos que a sociedade via como heroicos e gloriosos. As explicações psicológicas do suicídio, em sua acepção ampliada, também não eram aceitas por ele como explicação única. A diminuição da solidariedade orgânica – que pode ocorrer tanto em épocas

---

[2] Durkheim (1897), *O suicídio: estudos de sociologia*. Lisboa, Presença, s/d.

de prosperidade como de declínio econômico – seria um elemento determinante nesses episódios. Para justificar essa afirmação, fez extensos levantamentos das taxas de suicídio de uma maneira estatística clássica, procurando demonstrar a possibilidade de explicar sociologicamente esse fenômeno, independentemente das razões psicológicas que envolviam o ato suicida.

Depois de uma exaustiva análise sociológica desse tema, Durkheim (*apud* Aron, 1995) desenvolve a seguinte classificação social do suicida: o egoísta, o altruísta e o anômico. Para esse último tipo, a frequência do suicídio é relacionada às fases do ciclo econômico. O curioso é que as estatísticas apontavam um aumento do suicídio tanto nos períodos de crise como naqueles de prosperidade econômica, bem como sua diminuição durante as guerras. Desse modo, o aumento da frequência do suicídio pareceria estar ligado a questões de natureza econômica.

Não pensava que o homem estava mais feliz por viver em uma sociedade moderna. Acreditava que o suicídio expressava um aspecto patológico da organização da vida coletiva. O alto índice de ocorrências dessa natureza era, para ele, a prova maior de que a felicidade não aumentava com o progresso. À medida que as sociedades modernas se fundamentavam mais e mais no individualismo, no estabelecimento cada vez maior das diferenças, tornava-se necessário que cada um exercesse seu trabalho o mais próximo possível de seus desejos e aptidões.

Assim, obteve dois ganhos ao estudar o suicídio: produziu uma análise original da lacuna moral das sociedades modernas e uma aplicação de seu método sociológico a um fenômeno até então visto como individual (Giddens, 1976).

Nos dois livros citados acima (Durkheim, 1893; Durkheim, *apud* Aron, 1995), fica claro que, para esse autor, a anomia se define por dois parâmetros: o indivíduo enquanto tal e sua relação com o meio social. Como já observei, de início a anomia era entendida como inevitável diante de uma sociedade que progride. Ela abarcava uma certa dose de maleabilidade e plasticidade da consciência moral, de modo que permitisse a emergência de novas formas sociais. Entretanto, a anomia que se apresenta no estudo sobre o suicídio consiste em uma perturbação nascida no interior do corpo social, convulsionado pelos ciclos de recessão ou de prosperidade econômica. Segundo Fernandes (1996), a sociedade

> [...] encontra-se provisoriamente incapacitada para exercer sua ação de colocar freios às paixões humanas [...] (A anomia) não deriva da inexistência de regras de intercâmbio mas da ausência de freios. Já não indica a desordem de uma etapa no curso de uma evolução progressiva e automática em direção à solidariedade orgânica, mas é um mal que ameaça a sociedade moderna. (p. 75)

Seguindo Durkheim (*apud* Brüseke, 1996), diríamos que a crise da sociedade possui uma "latência anômica" contínua, pois o "gelo fino cobrindo o vácuo moral pode quebrar a qualquer momento". Pode-se deduzir de seu pensamento, marcado pelo constante direcionamento de cunho moral em prol de uma reforma social, que é impossível a qualquer sociedade fugir dessa determinação.

Evolução do conceito em Merton

Atualmente novos pontos de vista se impõem para pensar o campo de aplicação desse conceito. As condutas desviadas, que abarcam uma gama de distúrbios tradicionalmente relacionados às enfermidades mentais, e mesmo a formações de seitas religiosas, tornaram-se objeto de estudo dos sociólogos.

Na atualidade, Robert K. Merton é considerado o autor que mais se ocupou desse tema. Ele postula a presença de um estado anômico para explicar o crime, a toxicomania, o alcoolismo, a delinquência, as desordens mentais. Sua grande contribuição reside em formular a hipótese de que esses desvios de conduta são antes expressões de situações anômicas presentes na sociedade do que atos de violação da lei, pensada em termos das ciências jurídicas. Isto é, a tônica de sua reflexão é colocada sobre conflitos de referenciais de certos grupos sociais, que seriam geradores de comportamentos desviantes. Procura pensar, por exemplo, o crime como uma resposta "normal" a certas situações sociais. Trata-se de uma ideia bem interessante, na medida em que a afirmação contém implicitamente um movimento de aproximação do psicanalista e do sociólogo, ambos ocupados nas funções de produzirem discursos que interpretem o social e o individual.

Merton (1970) é, por esse motivo, considerado um sociólogo que se dedica às teorias de "alcance médio", que procuram distanciar-se das grandes generalizações, consideradas por ele muito distantes das categorias particulares para poderem fornecer uma interpretação eficaz dos fenômenos menores. Esse sociólogo também se afasta dos teóricos empiristas que se limitam simplesmente à coleta de dados estatísticos. Em duas palavras, Merton é um teórico de ampla orientação e específica aplicação.

Em sua obra, faz uma distinção importante entre o conceito de estrutura social e o de estrutura cultural. A primeira define *status* e papéis dos sujeitos agentes. A segunda define metas a serem alcançadas por parte dos membros da sociedade, assim como normas a que se devem conformar para alcançar as metas estabelecidas. No entanto, podem ocorrer situações em que as posições na estrutura social de um grande número de sujeitos agentes sejam obstáculos ao alcance das metas indicadas pela estrutura cultural. O resultado são fenômenos sociais que o autor denominou de comportamentos desviados. Em seu entender, a anomia resultante corresponde à integração deficiente de um significativo grupo de indivíduos à estrutura social.

Ainda que se tenha inspirado em Durkheim (1893), Merton (1970) obteve em sua nova formulação um destino singular pois, diferentemente de Durkheim (1893) – que concebia originariamente a situação anômica como fruto do choque entre as aspirações econômicas e o desmoronamento das normas reguladoras –, enfatizou que "algumas estruturas sociais exercem uma pressão definida sobre certas pessoas na sociedade, para que sigam conduta de rebeldia, ao invés de trilharem o caminho do conformismo" (p. 201).

Segundo Carlos H. Cardim (1995), existem dois elementos essenciais na análise das estruturas sociais e culturais de Merton: os "valores vigentes" e as modalidades concretas de sua "realização histórica". O conceito de valores vigentes inclui tudo que merece empenho, ou seja, os objetivos legítimos sustentados por todos os indivíduos da sociedade ou por "indivíduos nela situados em uma posição diferenciada" (p. 80). O segundo elemento "define, regula e controla os modos de alcance desses objetivos" (p. 80).

Merton (1970) esclarece:

> Nenhuma sociedade carece de normas que governem a conduta, no entanto as sociedades se diferenciam no grau em que a tradição, os costumes e os controles institucionais estão eficazmente unificados com os objetivos que ocupam um lugar elevado na hierarquia dos valores culturais. A cultura pode ser tal que induza os indivíduos a centrar suas convicções emocionais sobre o complexo de fins culturalmente proclamados, com muito menos apoio emocional para os métodos prescritos para alcançar tais fins. (p. 204)

Nesse sentido, o peso cultural de determinada finalidade, como, por exemplo, o êxito econômico e social, pode levar os indivíduos a se afastarem de princípios éticos que dariam apoio legítimo às suas condutas. Nessas situações, os incessantes apelos endereçados ao indivíduo, próprios da sociedade industrial, não são acompanhados de uma vivência concreta dos valores institucionais; ao contrário, são acompanhados de meras considerações de ordem técnica.

A relevância do tema da anomia na atualidade é consequência do desequilíbrio entre o progresso e suas normas de controle. Assim, diz Cardim (1995):

> O desenvolvimento, ao aumentar as oportunidades, amplia o leque de escolhas dos indivíduos e suas demandas pela realização rápida de seus objetivos de melhoria econômica e social e gera importantes impactos nos subsistemas político e cultural das sociedades. Verifica-se, no correr de um processo de desenvolvimento, que uma sociedade constituída tão-somente por indivíduos que procuram maximizar seus interesses pessoais, ou norteada tão-somente por projetos de exclusivo crescimento econômico, deixa de considerar os mais elementares componentes de ordem. Daí resulta um quadro contraditório, hoje bastante comum nas sociedades que experimentaram ou experimentam algum tipo de desenvolvimento acelerado, de coexistência de progresso e desordem, de modernização e graves desigualdades, de êxitos e mal-estar, de melhorias concretas e insatisfação, em uma

palavra de anomia provocada tanto pela escassez, quanto pela abundância. (p. 72-73)

A interpretação de Merton (1970) aplica-se ao quadro social e cultural brasileiro, em que o êxito econômico se transformou em meta única dos vários segmentos sociais. Infelizmente, tal meta não é acompanhada de idêntica prioridade na construção de projetos e "procedimentos institucionais compatíveis com o alcance legítimo e legal da meta, culturalmente consagrada, do sucesso material e da posse de determinados bens [...]" (p. 204).

Concordo com Cardim (1995) quando afirma:

> [...] como toda categoria fundante do pensamento social, o conceito de anomia [...] vale mais pelas luzes de advertência, de espanto e de revolta que acende do que pelos caminhos de respostas e soluções que abre. Sua vigência é dada pelas ricas indagações que desperta e pelas situações que ilumina [...]. (p. 218)

Uma visão atual da anomia

> Paixões fervilhantes, arrombando paredes e descortinando horizontes, é por aí que, agora, irrompe a anomia, adverte Fernandes. (1995, p. 76)

De acordo com Parsons (1968), o esquema conceitual de Durkheim a respeito da anomia – subsequente ao trabalho sobre *o Suicídio* – pode ser formulado em termos da existência de dois elementos radicalmente heterogêneos: *a regra normativa e o desejo, indisciplinado e caótico*. Para ele, mais que uma adição de elementos empíricos, Durkheim ganha, nessa nova formulação, um desenvolvimento teórico e metodológico de largo alcance: elabora uma teoria sociológica na qual o estatuto do social não está mais vinculado ao biológico e nem ao psicológico, soltando-se das amarras de um lugar residual e negativo no qual ficara prisioneira. E mais, a externalidade e o mundo coercitivo transformaram-se em internalidade e realidade psíquica moral internalizada (Fernandes, 1995).

A novidade é que a regra normativa interiorizada será a agência que controlará a conduta individual – e aqui Durkheim (1893) já não está pensando somente nas relações contratuais, mas nas relações sociais de modo geral. Assim, para esse autor, os desejos "individuais" são caóticos, desenfreados e indisciplinados, conclusão inevitável segundo Parsons (1968), já que, se não o fossem, não haveria a necessidade de controle e disciplina. Para ele, sem essa distinção teórica fundamental – desejos e regras – não se sustenta a oposição conceitual de Durkheim.

Quando essa estrutura normativa se encontra perturbada ou desorganizada, a conduta individual igualmente sofre perturbações: "o indivíduo se perde em um vazio de atividades sem sentido" (Parsons, 1968, p. 470). No limite extremo desse estado anômico encontra-se o estado de individualismo puro que é, para Durkheim (1893), a "guerra de todos contra todos". O estado de integração perfeita, oposto ao da anomia, chama-se eunomia.

Falta definir, no entanto, como as regras normativas, presentes na nova concepção de anomia, inscrevem-se no psiquismo dos indivíduos. Aparentemente, Durkheim (1893) não se ocupou da gênese dessa instância interna legisladora. No entanto, claramente, sua concepção evolui de uma ideia de controle como sujeição para a noção de obrigação moral.

Desenvolvendo uma sugestão de Parsons (1968) a socióloga Heloísa Fernandes (1996) apresenta uma articulação interessante do esquema conceitual de Durkheim com a psicanálise freudiana, que dá elementos para pensar essa gênese: a conduta dos habitantes, isto é, seus valores, crenças, formas de sentir, agir e pensar coletivos, seria resultante das regras sociais,

> [...] que só são ativas porque, e enquanto, estão psiquicamente inscritas [...] Em suma, o social tornou-se uma ordem normativa internalizada. As regras coletivas fazem laço social porque, "tornando-se internas, subjetivas, o indivíduo identifica-se com elas. Na terminologia de Freud são interiorizadas para formar o supereu". (Parsons, 1968, *apud* Fernandes 1996, p. 76)

Valendo-se do referencial lacaniano, Fernandes (1996) afirma que Durkheim teria encontrado, na psicanálise, respostas à pergunta que formulou à modernidade:

> [...] como é que o impossível – uma sociedade de indivíduos, esses seres desalojados e desenraizados – é possível! Aliás, é porque foram expulsos da tradição que ganharam essa liberdade de colocar-se a querer saber como a sociedade faz laço social; quais os elos que a modernidade constrói para nos prender à vida. (Durkheim, *apud* Fernandes, 1995, p. 87)

E acrescenta à interrogação: "que elos a modernidade constrói para nos prender à própria sociedade?" (*op. cit.*, p. 74). Para ela, o que faz laço social é o "Outro" – conceito teórico que examino brevemente abaixo, introduzido por Lacan (1995) – que se torna ativo e atuante porque é parte constitutiva da vida psíquica dos indivíduos.

Com o esquema conceitual psicanalítico, é possível precisar melhor essa articulação. A seguir apresento uma síntese da noção freudiana de desejo e sua gênese, bem como alguns conceitos relacionados introduzidos por Lacan (1995).

Em primeiro lugar examinarei a formulação psicanalítica da função que o "Outro" adquire na constituição do sujeito.

Para Freud (1950 [1895]), o estado de tensão presente nos primeiros momentos de vida de qualquer ser humano só é abolido por meio de uma intervenção externa. No recém-nascido, pode-se constatar que a liberação motora – choro, grito, esperneios e espasmos musculares – é consequência de um estado de aumento de tensão proveniente do interior do organismo.

A criança não tem condição de eliminar essa tensão por conta própria. É necessária a intervenção de um outro que, por meio do aprovisionamento do alimento, dá condições de o recém-nascido eliminar, por um ato reflexo, a tensão no interior do organismo: a isso Freud denomina de "experiência de satisfação". E acrescenta:

> [...] essa via de descarga adquire, assim, a importantíssima função secundária do entendimento [*Verständigung*, ou comunicação] e o desamparo inicial dos seres humanos é a fonte primordial de todos os motivos morais. (p. 362-363)

No mesmo ato, esse outro traduz em palavras e gestos a significação desse desprazer, advindo do acúmulo de tensão. Assim, o grito da criança passa a descrever um estado de carência e ganha uma função expressiva. Essa experiência inicial é amplificada, de tal forma que o contato com a linguagem é sempre mediado por um terceiro.

A capacidade que tem o bebê de dar sentido às experiências é paulatinamente construída por intermédio da presença de um outro, quase sempre a mãe, desejosa de gerar bem-estar para seu filho, e buscando, para tanto, traduzir, significar e nomear o desconforto e outras sensações, ainda que com base em adivinhações, em erros e acertos.

O circuito representativo, inscrito no psiquismo, que vai do estado de necessidade originário à experiência de satisfação, constitui o paradigma da noção de desejo na teoria freudiana. Posteriormente, por meio da noção de apoio entre as pulsões sexual e de conservação, o conceito é estendido ao domínio da vida sexual.

Na obra lacaniana, a constituição da noção de desejo é mediada de maneira mais radical pela instância do outro. Este é, de início, a pessoa prestativa – que provê o alimento na experiência de satisfação. Posteriormente, a instância é amplificada na teoria lacaniana, a ponto de representar o vetor de acesso à linguagem e, mais ainda, à cultura. Em particular, as leis sociais seriam eficazes porque fariam parte do legado do "Outro", legado esse que é presente já na constituição do sujeito psíquico. Dessa maneira, o conjunto de valores, formas de agir, contratos implícitos no trato social, enfim, tudo o que constitui prática cultural ou social se inscreve psiquicamente e daí decorre sua eficiência como autoridade moral.

Essa articulação do esquema conceitual de Durkheim com a Psicanálise permite a Fernandes (1996) entender a anomia como "degradação da encarnação psíquica do Outro". Dessa forma, Durkheim (1893) teria encontrado uma resposta à pergunta formulada à modernidade. Esta não ofereceria alternativa à consciência coletiva das sociedades pré-modernas, a qual, ancorada em paradigmas clássicos como direito individual e nação, não mais serviria como elemento aglutinador constitutivo do Outro.

Assim, a leitura de Fernandes (1996) da noção de anomia possibilita que os dois elementos até então radicalmente opostos, a regra normativa e o desejo, dialoguem por meio da noção de "Outro".

A anomia na transição do milênio

Na segunda metade do século XX até os dias de hoje a aceleração dos processos de mudança no contexto planetário criou também muitos espaços em que a carência de normas reguladoras se faz presente. Verdadeiros territórios desérticos de organização social, decorrentes de múltiplas causas, engolfam inúmeras pessoas e até nações inteiras.

Apesar de a humanidade já ter vivido, em outras épocas, momentos de intensa anomia (já que ela é o contraponto inevitável dos grandes processos de mudança histórica), a anomia de hoje não é como a de antigamente. Ela é resultante de processos econômicos inéditos, possui uma extensão planetária, engloba um volume demográfico sem precedentes e interage com forças econômicas e de desenvolvimento científico e tecnológico cujos impactos são assustadores.

O Brasil não fica à margem desse processo em escala global. Durante esse tempo sofremos um intenso processo de industrialização e de urbanização, com movimentos demográficos que envolveram milhões de pessoas. Muitos foram desterrados de suas origens, inseridos em espaços sociais radicalmente novos, participando da construção de uma nova sociedade e de um novo país. O formigueiro de Serra Pelada é bem exemplificativo desse caráter maciço, cego e inexorável que vivemos nesta última metade do século passado. Além disso, estamos sendo inseridos a ferro e fogo na sociedade globalizada da informação e do conhecimento, como condição inevitável de sobrevivência.

O paradoxo da sociedade brasileira está aí: de um lado, pertencemos às dez primeiras economias do mundo ocidental e, de outro, carregamos a dívida social representada pelo montante imenso de miséria e marginalidade que esse mesmo processo de desenvolvimento criou e continuará criando.

Por isso encontramo-nos em um lugar ideal, como atores e observadores, para examinar o impacto desses grandes processos de mudança que a humanidade vive. Mais do que nunca, estamos no mundo, fazemos parte desse grande laboratório humano de mudanças sociais, políticas e econômicas em que nosso planeta está se transformando nesta altura da História.

A fragmentação do tecido social é uma das faces da anomia nesse processo: os avanços econômicos dos últimos tempos nem sempre reverteram em progresso social, lançaram as pessoas no isolamento, no individualismo, e na tentativa cega de sobrevivência a qualquer custo.

Essa realidade social fragmentada pode ser facilmente ilustrada por meio de recortes coletados aqui e ali, muitas vezes em manchetes publicadas na imprensa, sobre fatos de ocorrência recente, concomitantes à redação desse estudo. Fazem as vezes de símbolos iconográficos do que pretendo descrever.

A população está cética em relação às leis brasileiras. Estamos, de alguma maneira, cansados dos escândalos que não cessam de acontecer. Esse alarmante perfil está detalhado nas inúmeras pesquisas que apontam para a fragilidade de nossas instituições e no consenso em torno da ideia de que "desonestidade e ilegalidade são artifícios indesejáveis, mas, no final, compensam em troca da eficiência" (Dimenstein, 1998).

É como se a sociedade obliquamente mandasse-nos uma mensagem – é necessário fechar os olhos para a imoralidade, pois o anseio por líderes íntegros é repetidamente frustrado – e, de outro lado, submetesse-nos a uma ética cada vez menos praticada por nossos pares. O viés ideológico que reza que desonestidade é compensada com competência ganha terreno – na cauda do desespero cívico –, e cada vez mais dissemina-se a crença cotidiana na impunidade.

Quem mora em São Paulo, por exemplo, vê que há medo na população paulistana que se expressa na desconfiança em transitar pela cidade com uma segurança razoável. Episódios frequentes evidenciam um equívoco que tem suas raízes na anomia: muitos assaltos iniciam-se quando alguém se aproxima com o pretexto de buscar ajuda. Não há referente para discriminar quem pede ajuda de quem assalta. O que fazer se o efeito anômico em um sistema social se expressa pela falta de acordo acerca das normas que se julgam legítimas? O poder público garante, em seus discursos, a presença de policiais nas ruas, mas a canção popular recomenda chamar o ladrão. Se não se compartilham as normas, os cidadãos não sabem o que esperar uns dos outros, condição social excelente para produzir relações de insegurança. Na linguagem de Durkheim (1893), regredimos da noção de obrigação moral para a de controle como sujeição, e há indivíduos que nem sequer a esses limites estão submetidos.

Outro exemplo claro do efeito da anomia na atualidade aparece nas notícias de violência concreta entre professores e alunos, com suas consequentes vicissitudes para o vínculo escolar. Essas notícias recentemente substituíram os discursos já desgastados sobre política educacional.

Vejamos: "Os alunos vivem atrás de grades em São Paulo" (*Folha de S. Paulo*, 1998a); essa manchete refere-se às grades que foram colocadas nas escolas, para, em um primeiro momento, protegê-las da agressão ao patrimônio, depois para a defesa dos alimentos da merenda escolar e, mais recentemente, contra os assédios constantes, sofridos pelos alunos, de traficantes de drogas, transformando as escolas em verdadeiras fortificações.

Pesquisa realizada pela Universidade de Brasília (*Folha de S. Paulo*, 1998b)[3], informa-nos de que, em um mês, mais da metade das escolas estaduais de 1º e 2º graus do país enfrentou episódios de roubo ou vandalismo, sendo o assassinato de uma professora em Jacareí, por um ex-aluno, a expressão-limite desse horror. Na semana anterior, as notícias eram em torno

---

[3] O estudo foi realizado pelo Laboratório de Psicologia do Trabalho, do Instituto de Psicologia da Universidade de Brasília (UnB), em conjunto com a Confederação Nacional de Trabalhadores na Educação (CNTE).

do assassinato de professores e colegas, cometido por dois alunos em uma escola americana, e de brigas e pancadarias entre colegas e professores em escolas inglesas, o que mostra que o fenômeno não é local.

O inquietante paradoxo expresso nessa pesquisa, ainda não totalmente concluída à época da notícia, é que a coerção imposta pelo sistema educacional com a finalidade de conter a violência não é mais eficaz. Entendemos que não é para ser mesmo. O traficante pode ser também a professora de português (*Folha de S. Paulo*, 1998c), o assassino, o aluno, enquanto outro porta a arma em sala de aula para amedrontar os colegas no recreio. Em uma escola de classe média alta, o "barato" consistia em jogar as carteiras pelas janelas para atingir alguém, modalidade "criativa" de roleta-russa.

Muros não defendem nenhuma escola da irrupção da própria violência interna, tenha ela ou não suas origens no contexto circundante. Grades não podem conter as evidências invisíveis da ação do contexto anômico sobre as instituições educacionais, em que o pacto que sustenta a divisão social dos lugares, entre professores e alunos, também entrou em colapso.

O próprio sistema escolar, que anteriormente representava um foco de resistência à fragmentação do tecido social, agora é palco, tal como um espelho, de episódios que demonstram a ausência de regulação social.

Mas o que acontece? Tais fatos podem ser justificados mediante a miséria econômico-social e reduzir-nos à impotência.

Durkheim (1893) pensava que o Estado e a Religião seriam capazes de promover a coesão social. O tempo encarregou-se de evidenciar a fragilidade dessa ideia.

Hoje a solução passa por encontrar modelos e formas de regulação de outra ordem. De um lado, as leis precisam ser modificadas e aplicadas com maior agilidade, dada a velocidade dos processos de mudança no ambiente. De outro, a legitimidade das leis dissolve-se à medida que seu processo de elaboração permanece muito distante do cidadão comum, que, por isso mesmo, não absorve seu sentido, nem se compromete com ela. Essa distância, também, abre brechas por meio das quais o conteúdo da lei se transmuta de justiça em injustiça, em razão de parcialismos e casuísmos, ou, mesmo, de intenções perversas.

A emergência desse contexto nos consultórios de psicanálise é inegável. Muitas situações indiscriminadas e fragmentadas – que alguns psicanalistas encaram como manifestações de estágios primitivos da mente – revestem-se de uma natureza bem distinta se observadas pelo que realmente são: resultado do impacto individual no paciente de um tecido social sem coesão ou da falta de canais institucionalizados para a expressão de sua vontade de cidadão.

No capítulo seguinte, procurarei explicitar uma articulação possível entre as noções de lei na Psicanálise e a vivência edípica, na tentativa de tomar – dentro da técnica – essas manifestações clínicas pelo que acredito que elas realmente são: expressões da anomia presente no contexto social.

3.

ANOMIA, LEI E PSICANÁLISE

Sabemos que alguns psicanalistas são avessos a qualquer ideia que proponha cooperação interdisciplinar. Uma das primeiras dificuldades que surgem quando recorremos a um campo de conhecimento vizinho para emprestar conceitos é empreender um verdadeiro trabalho de luto e luta. A reação que se desencadeia é quase sempre perturbadora, diante do constrangimento que o psicanalista sente ao liberar-se de conceitos pertencentes à sua teoria para adotar outros novos.

Em 1976, em Haslemere, Inglaterra, houve um Simpósio da IPA[1] cujo tema – a identidade do analista – traduzia a preocupação crescente acerca do futuro da Psicanálise. Esse encontro, resultado da crise psicanalítica americana, questionou tanto a técnica como a teoria psicanalíticas.

O que estava em jogo era justamente a preocupação com a "diluição" e a perda da "essência" psicanalítica, por sua associação com a psiquiatria, pelos meandros acadêmicos ou por sua integração à cultura.

---

[1] *International Psychoanalytical Association.*

É conhecida a polêmica travada, nesse encontro, entre Gitelson e Widlöcher. O primeiro dizia que "cooperação interdisciplinar, na sua forma presente, tem freqüentemente significado diluição, senão desaparecimento total dos princípios essenciais da identidade funcional específica dos psicanalistas" (Engel, 1997, p. 77). O segundo, ao contrário, acreditava que a integração com outras áreas do conhecimento seria uma evolução inevitável.

Passados mais de vinte anos, a questão permanece. Essa reação de ordem conceitual é bem diferente da que expus no primeiro capítulo, porque lá a proliferação é intrínseca à Psicanálise e, a meu ver, faz um movimento de tornar a todos analisáveis, contribuindo apenas para um pragmatismo inoperante.

A posição que descrevo agora é, de certa maneira, intrigante, pois, ao agir assim, a prática psicanalítica pretende-se onipotente: por um lado, existe uma face do discurso psicanalítico que se autoriza a falar sobre "tudo"; por outro, esse mesmo discurso coloca-se à "margem" do diálogo com outras práticas sociais. A impossibilidade de a psicanálise comunicar de forma simples e objetiva sua essência coloca continuamente uma pergunta aos analistas: o que fazem é ou não Psicanálise?

Esse trabalho, aposto no intercâmbio com a sociologia, considera que o conceito de anomia amplia substancialmente a compreensão da clínica atual porque seus efeitos estão presentes, como manifestações clínicas, nas queixas e nos sofrimentos de nossos pacientes, vítimas da "psicopatologia cotidiana".

A sociedade em que vivemos abre perspectivas de toda natureza para nossa clínica. O ser humano, paradoxalmente, encontra-se, ao mesmo tempo, mais feliz e mais infeliz. Talvez possamos afirmar que os contextos de fracasso e de prosperidade econômica estão e estarão presentes como pano de fundo das queixas sintomáticas, nas próximas décadas. Os pacientes, como todos nós, estarão inseridos em relações mais instáveis, jogados em uma maior solidão, o vazio será mais insuportável, serão mais exigidos na administração do êxito, a exclusão será maior e serão atraídos cada vez mais pelas drogas e pelas propostas místico-mágicas.

Deixando de lado as leis que regem o funcionamento do aparelho psíquico, o termo "lei", dentro da teoria analítica, está comumente relacionado ao sistema de parentesco e à identidade sexual. Ele nos reenvia à interdição do incesto, ao Complexo de Édipo, à diferença dos sexos. Costa (1984), em seu artigo "Violência e identidade", define a lei como o "dever de todo sujeito de ocupar um lugar irreversível na cadeia de gerações e em face da diferença de sexos sob o sistema de regras que ordenam seu meio sociocultural".

Nessa perspectiva, o conceito de anomia, pensado como ausência de lei, poderá ser importante na recondução dos clínicos aos tempos atuais, pois, ao ignorarmos o contexto mencionado acima, seremos levados, por vezes, a confundir manifestações legítimas de insegurança social com inseguranças provenientes, por exemplo, dos primeiros estágios vinculares com o outro.

Na verdade, entendo que a clínica será a condição de possibilidade, o espaço que as pessoas terão para efetuar o retorno de situações indiscriminadas e fragmentadas a uma relação interpessoal legítima, em que a reconstituição do laço social será possível. O vínculo constituído pelo par, no espaço da intimidade analítica, promoverá, para além de estruturações psicossomáticas, neuróticas, psicóticas, perversas e afins, o aparecimento do contrassenso próprio dessas situações anômicas.

A "cura" da anomia começa pelo recuo do sujeito ao espaço do íntimo e do privado, para uma "conversa ao pé do ouvido" em que vínculos são restabelecidos e novos sentidos são reconstruídos.

Édipo, pacto social e anomia

Na década de 1980, o psicanalista Hélio Pellegrino, em seu conhecido trabalho "Pacto edípico e pacto social", desenvolveu a hipótese de que a impossibilidade de manter o pacto dito social – que garante a coesão nas sociedades humanas – leva à ruptura, de um ponto de vista inconsciente, do pacto edípico.

Seguindo a concepção freudiana clássica, em que o temor da castração é o articulador primordial do Complexo de Édipo, Pellegrino (1987) afirma que a interdição do incesto – que coloca condições à relação mãe-filho – instaura, do ponto de vista psicanalítico, a lei que corresponderá à internalização da proibição e à promoção da identificação paterna. Segundo o autor, o Édipo proíbe o incesto, porém permite inúmeros desejos. Ele é a lei do desejo, e pode e deve corresponder ao desejo da lei.

Seguindo Freud (1927), que pensava que a repressão existia em virtude das exigências intrínsecas ao processo civilizatório, Pellegrino (1987) entende que, em uma sociedade injusta, em que a "luta de classes" está presente, existe, além da repressão construtiva da civilização, a necessidade de uma repressão mais intensa para que o tecido social possa manter-se estruturado. Freud (1927) ocupou-se desse tema no texto "O futuro de uma ilusão", no qual expressa a crença de que, sob condições sociais injustas ao extremo, a parcela prejudicada da sociedade pode não internalizar as leis que as oprimem. Reproduzo parte do ensaio:

> Se nos voltarmos para as restrições que só se aplicam a certas classes da sociedade, encontraremos um estado de coisas que é flagrante e que sempre foi reconhecido. É de esperar que essas classes subprivilegiadas invejem os privilégios das favorecidas e façam tudo o que podem para se liberarem de seu próprio excesso de privação. Onde isso não for possível, uma permanente parcela de descontentamento persistirá dentro da cultura interessada, o que pode conduzir a perigosas revoltas. Se, porém, uma cultura não foi além do ponto em que a satisfação de uma parte de seus participantes depende da opressão da outra parte, parte esta talvez maior – e este

é o caso em todas as culturas atuais –, é compreensível que as pessoas assim oprimidas desenvolvam uma intensa hostilidade para com uma cultura cuja existência elas tornam possível pelo seu trabalho, mas de cuja riqueza não possuem mais do que uma quota mínima. Em tais condições, não é de esperar uma internalização das proibições culturais entre as pessoas oprimidas. Pelo contrário, elas não estão preparadas para reconhecer essas proibições, têm a intenção de destruir a própria cultura e, se possível, até mesmo aniquilar os postulados em que se baseia. A hostilidade dessas classes para com a civilização é tão evidente, que provocou a mais latente hostilidade dos estratos sociais mais passíveis de serem desprezados. Não é preciso dizer que uma civilização que deixa insatisfeito um número tão grande de seus participantes e os impulsiona à revolta, não tem nem merece a perspectiva de uma existência duradoura. (p. 23)

Certamente, a lei está na base do processo civilizatório, pois implica tanto uma renúncia sexual quanto agressiva, incestuosa e parricida; mas sofre um processo de complexificação para superar as injustiças sociais. Pellegrino (1987) concorda com essa tese, pois admite que, mesmo em uma sociedade sem classes, haveria a exigência de uma mínima renúncia pulsional para que o tecido social se articule.

É o próprio Pellegrino que sintetiza em seu livro *A burrice do demônio* (1988):

ANOMIA: RUPTURA CIVILIZATÓRIA E SOFRIMENTO PSÍQUICO   123

A cultura é o esforço humano para lançar pontes sobre o abismo. É preciso criar, a partir da falta. É preciso, pelo trabalho e pela linguagem, organizar o mundo humano e domar a natureza [...] Para o ser humano, a sexualidade não é instinto. É pulsão. Ela não traz uma prévia e harmoniosa garantia de ordem [...] Para que o desejo possa servir à espécie e ao esforço civilizatório, ele precisa ser institucionalizado, através de uma gramática que o estruture. O Édipo é esta gramática do desejo. Através da interdição do incesto, a família se institui, ao mesmo tempo que se constituem as relações de parentesco e as possibilidades de aliança entre os grupos humanos. O Édipo – modelo fundamental de instituição – insere, na espessura da sexualidade, sob forma da Lei do Pai, a falta, a cárie, a carência que nos constitui: castração simbólica [...] O código lingüístico, patrimônio comum, é esse termo terceiro a partir do qual os sujeitos se fundam. (p. 17)

Voltando ao momento da estruturação edípica, o autor nos diz que a renúncia à onipotência do desejo e ao princípio do prazer – levando à constituição do princípio da realidade – se faz em nome do "temor" subordinado ao "amor", condição para que a criança seja amada e respeitada como pessoa. Apenas o temor seria insuficiente para a fundação do vínculo do ser humano com a lei. É necessário também agregar, diz-nos Pellegrino (1988), o amor e a liberdade como condição para uma

> [...] verdadeira, positiva – e produtiva – relação com a lei [...]
> É o amor materno que funda a possibilidade, para a criança,
> de vencer a angústia de separação, tornando-se um ser-outro
> com respeito à mãe. O amor da mãe, já modelado pela
> cultura, prepara o advento do terceiro, do pai, cuja entrada
> em cena, através da estrutura triádica, ajuda a criança a
> construir sua própria liberdade e autonomia. (p. 200)

A resolução edípica implica um pacto com o pai e com a função paterna. Nesse pacto ganha a sociedade, representada pela família, como também a criança, que recebe nome e filiação e, assim, acede à ordem do simbólico. Quando adulto, acrescenta-se ao pacto com a lei da cultura ou lei paterna um pacto social estruturado em torno da noção de trabalho.

A linguagem e o trabalho na idade adulta passam a ser os elementos primordiais do pacto social, mediando o indivíduo e a sociedade. Esse pacto pede ao sujeito a confirmação da renúncia pulsional primitiva, reiterando o princípio da realidade. Implica, portanto, deveres e direitos. Do lado dos direitos, o indivíduo deve receber o mínimo indispensável para sua integridade física e psíquica. Quando isso não ocorre por meio do trabalho, o trabalhador tenderá a desprezar e a agredir a sociedade, o que pode levar tanto a situações de conflitos extremos – uma guerra, por exemplo – como ao nascimento de algum tipo de patologia social.

O pacto primordial, ou lei paterna, prepara, garante, sustenta e torna possível um segundo pacto, o social. Cabe a este, retroativamente, confirmar ou infirmar o primeiro. Pellegrino (1987) nos diz que, se os conflitos familiares podem gerar condutas antissociais, uma patologia social também pode ameaçar – ou mesmo quebrar – o pacto com a Lei do Pai (p. 202). Isto significa, em outras palavras, que, se a renúncia edípica torna possível a renúncia posterior, exigida pelo trabalho, qualquer tipo de aviltamento desse último terá sua contrapartida de "tornar iníqua a renúncia pulsional por ele próprio exigida" (p. 202).

O rompimento do pacto social pode implicar, do ponto de vista inconsciente, a ruptura com o pacto edípico, desencadeando comportamentos delinquentes, predatórios, pré-edípicos.

Esse texto de Hélio Pellegrino (1987) marca uma posição histórica no movimento psicanalítico brasileiro, pois desenvolve dois momentos fundamentais para pensar a articulação entre o indivíduo e sua inserção na cultura.

Em um primeiro instante, a "lei" internalizada é possibilitada pela renúncia edípica e, em um segundo momento, é confirmada pela adesão ao pacto social. Pellegrino (1987) esclarece que, se ocorre uma ruptura do pacto social, por retroação, fica destruído o significante paterno e, em consequência, o lugar da lei. Tal situação implicaria o rompimento da barreira que impedia a emergência dos impulsos delinquenciais pré-edípicos, predatórios, parricidas, homicidas e incestuosos. Segundo ele, ocorreria o retorno do recalcado: o que foi reprimido ou suprimido, em nome do pacto com o pai, retorna sob a forma de conduta delinquente e antissocial (p. 203).

De certa forma, Pellegrino (1987) vai ao encontro das concepções de Merton (1967) quando considera a sociopatia e a delinquência como faces da mesma moeda. Tal como o sociólogo, afirma que o trabalho, degradado e aviltado em nossa sociedade, reduz milhões de pessoas à pobreza e à miséria absolutas; em contrapartida, nada as leva a respeitar e prezar essa sociedade, uma vez que são enxovalhadas, como seres humanos e força de trabalho. Não têm porque, segundo o autor, aderir ao pacto social em uma sociedade que as reduz à condição subumana. Ao romper com este, rompem com o pacto edípico primordial. No "mundo inconsciente", isso equivaleria ao parricídio puro e simples: tendo destruído as barreiras antepostas aos seus impulsos primitivos, entregam-se a eles e sucumbem à delinquência desesperada, como resposta perversa à outra delinquência – a do Estado – esta mais do que perversa, porque institucionalizada.

Pensar a relação entre o campo social e o psicanalítico foi uma das grandes causas defendidas por esse psicanalista mineiro-carioca. Ele viveu no caldeirão da opressão do regime militar e sofreu todas as suas consequências no interior da instituição psicanalítica à qual pertenceu. Esse seu texto, que tem forte inspiração marxista, foi pioneiro no intuito de relativizar a hegemonia do mundo psíquico defendida pelos grupos psicanalíticos da época, e que ainda hoje encontra eco em certos meios da comunidade.

O objetivo da luta pela redemocratização do país talvez tenha realçado demais, em seu texto, o papel do Estado. Na verdade, ele tratava de forma brilhante o impacto psicodinâmico da anomia – ainda que não utilizasse essa palavra – ao evidenciar o outro lado da moeda: a quebra do pacto social refletindo-se na ruptura do pacto edípico.

A noção de pacto social introduzida por Pellegrino (1987) é fortemente vinculada à de trabalho[2]. Certamente, esse autor estava interessado nos processos de alienação próprios da relação do trabalhador no modo de produção capitalista.

Seu texto nutre-se das contradições crescentes da sociedade brasileira, à medida que depositava – como muitos de nós – no processo de abertura política uma grande expectativa de diminuição das nossas desigualdades sociais. Afora esta questão datada, continua atual, pois provê elementos para pensar o sentido inverso do clássico caminho da socialização do sujeito proposto pela Psicanálise.

De fato, o pensamento psicanalítico, com sua preocupação de explicação da constituição do psiquismo individual, percorre o caminho da vivência edípica da castração que leva à internalização e à consequente simbolização da Lei. Essa incorporação da Lei é que permitirá a inclusão do sujeito na sociabilidade adulta, ou seja, nas palavras de Pellegrino (1987), sua adesão ao pacto social. O inovador está em pensar

---

[2] Flávio Carvalho Ferraz (1998), em seu artigo "O mal-estar no trabalho", assinala diversas possibilidades de abertura desse tema com as teorias contidas em *A loucura do trabalho*, de Christophe Dejours. Não é o momento para aprofundar essa aproximação, porém fica o registro para posteriores pesquisas.

o processo dinâmico, resultante da ruptura do pacto social, que remeterá, em última análise, à ruptura do pacto edípico, ou seja, ao "esvaziamento" do valor simbólico da Lei. Esse é o sentido psicanalítico da anomia.

A perda dos valores clássicos nas culturas individualistas

O capítulo anterior mostrou uma articulação conceitual entre a noção de anomia, proposta por Durkheim (*apud* Aron, 1995), e a leitura original, realizada por Heloísa Fernandes (1996), ao vincular os fenômenos anômicos à falência da "encarnação psíquica do Outro". Essa leitura pode ser desenvolvida com o intuito de relacionar os fenômenos anômicos ao conceito de narcisismo.

O texto de Fernandes (1996) aponta que o estado de individualismo puro não precisa ser atribuído à "natureza indomável do homem" ou à insociabilidade natural humana. Ele convida a pensar uma cultura que, no grau máximo de narcisismo, exigiria de seus membros não a obediência às antigas regras, próprias das sociedades anteriores, mas o máximo de originalidade e, portanto, de individualidade.

Para a autora, a curta distância existente entre o desejo e o gozo estaria de certa maneira destruída, na medida em que o imperativo "goze" do Outro regeria a grande orquestração das sociedades atuais. Em suas palavras:

Quem sabe a anomia seja mesmo um sintoma do mal-estar na modernidade? Sintoma dessa impossibilidade de habitar uma cultura que nos demanda como indivíduos – seres indivisos, monádicos, desterrados e "livres como pássaros" – ao mesmo tempo que não cessa de nos cobrar porque obedecemos tão bem ao seu mandato! Como enfrentar o impensado sem admitir a hipótese de que a anomia não derive do enfraquecimento de um conjunto de valores comuns mas, ao contrário, do fortalecimento massivo e crescentemente exclusivo, daqueles valores que construíram a modernidade [...]

Quem sabe a anomia não seja esse imaginário ao qual devemos duas de nossas crenças mais queridas: a de que a fonte do desejo é inesgotável e a de que o próprio desejo é imortal, pois ressurge sempre, independentemente do desejo do Outro, em cada pequeno monstro recém-nascido! (1995, p. 78)

A socióloga espanhola Helena Béjar (1990) afirma que as sociedades ocidentais desenvolvidas são testemunhas do deslocamento sofrido do interesse da esfera pública para o da vida privada. Esse deslocamento instaura o modelo de uma sociedade íntima, refúgio do homem contemporâneo, em que os sujeitos buscam referências por meio de valores pessoais ou por meio de reconhecimentos afetivos. O resultado disso é o fascínio por uma cultura individualista, cujo valor central são as aspirações alienantes do Ego. Assim, a ética da autorrealização e da personalização constituem-se em valores últimos. O que existe de universal nessas sociedades é uma valorização extrema da diferença vista como originalidade. Desse ponto de vista, é fácil entender que as sociedades modernas não oferecem equivalentes dos valores coletivos clássicos compartilhados – muitas vezes imaginariamente – pelas comunidades. Esses ideais forneciam o traço mínimo de identidade no qual se reconheciam os indivíduos de uma dada sociedade.

Uma viva descrição desse contexto, que mostra como ele se manifesta nos consultórios, é dada também por Sennett (1998):

> Os distúrbios narcisistas [...] são as fontes mais comuns das formas de dificuldades psíquicas com as quais se defrontam os terapeutas. Os sintomas histéricos que constituíam as queixas predominantes da sociedade erótica e repressiva de Freud desapareceram em grande escala. Este distúrbio [...] surgiu porque um novo tipo de sociedade encoraja o crescimento de seus componentes psíquicos e anula o senso de contato social significativo fora de seus limites, fora dos limites do eu único, em público. Devemos ter cuidado ao especificar o que é esse tipo de aflição, para não falsificarmos o meio dentro do qual ele tomou forma social. Este distúrbio [...] não conduz inevitavelmente à psicose, nem as pessoas sob a sua influência vivem o tempo todo em um estado agudo de crise. O distanciamento para com os compromissos, a busca contínua de uma definição interior do "quem sou eu", provoca dor, mas nenhum mal-estar cataclísmico. Em outras palavras, o narcisismo não cria as condições que poderiam promover sua própria destruição. (p. 21-22)

Segundo Fernandes (1996), este Outro seria uma "ficção coletiva" que nossa cultura continuaria mantendo, por sermos incapazes de criar valores que no passado eram representados por noções derivadas do "bem comum". Seríamos todos nostálgicos de uma idade clássica, em que a civilização se nutria de valores universais que, em última análise, nos definiam como seres humanos. Apesar da grande disponibilidade de tempo e da facilidade de deslocamentos espaciais propiciados pelas novas tecnologias – o que, em tese, liberaria os indivíduos das necessidades de sobrevivência –, as sociedades contemporâneas teriam gerado culturas narcisistas que seriam incapazes de prover nosso imaginário com valores que ultrapassassem as meras existências individuais. Assim, a interpretação de Fernandes (1996) subordina a anomia à própria condição da cultura moderna.

Usando a abordagem da autora, é possível reexaminar a concepção de Pellegrino (1987) exposta na seção anterior. Para este, o indivíduo típico que exibe um comportamento anômico estaria ainda determinado por um conjunto de valores próprios das sociedades industriais pré-modernas: a impossibilidade de acesso à justa partição do produto do trabalho impediria a realização do pacto social, e geraria nesse indivíduo comportamentos patológicos, na mesma linha do que Freud (1927) já advertia:

> [...] é compreensível que as pessoas assim oprimidas desenvolvam uma intensa hostilidade para com uma cultura

cuja existência elas tornam possível pelo seu trabalho, mas de cuja riqueza não possuem mais do que uma quota mínima. (p. 12)

A visão de Fernandes (1996), incluindo os valores próprios das culturas narcisistas, permite compreender comportamentos primariamente delinquentes, como os de adolescentes que se recusam a participar do mercado de trabalho. Permite ainda elucidar a dinâmica psíquica de indivíduos bem-sucedidos do ponto de vista socioeconômico, que no entanto exibem em nossos consultórios conflitos equivalentes aos desses adolescentes, quando se sentem desalojados da cultura circundante.

Pellegrino (1987) mostra a dinâmica intrínseca a esse processo quando indica a existência, diria, de uma relação "taliônica", do tipo "toma lá, dá cá". Em outras palavras: ao oferecer a renúncia pulsional para o ingresso na condição de sujeito desejante na vida social, o indivíduo estaria sentindo-se logrado, na medida em que a satisfação por ele esperada não corresponderia ao ônus de privação implícita em sua contribuição inicial.

Muitos psicanalistas criticam a noção de Outro, pois ela se tornou uma espécie de explicação exclusiva para uma ampla classe de fenômenos. Em particular, ao lado da noção de narcisismo, ela tem desempenhado um papel de coringa nas reflexões sobre a crise na clínica. Explicações dessa natureza correm o risco de gerar imobilismo na comunidade psicanalítica, pois o caráter maciço do conceito torna difícil pensar o manejo clínico.

A TÍTULO DE CONCLUSÃO

Chegamos ao fim deste trabalho. Término que constitui, ao mesmo tempo, um desejo e uma aposta em continuar seu desenvolvimento em elaborações posteriores.

Busquei, ao longo destas páginas, abrir algumas questões concernentes à prática clínica, em virtude do desconforto que compartilhei com meus pacientes, supervisionando atendimentos clínicos de outros colegas e recolhendo inquietações semelhantes entre meus pares em seminários clínicos e na literatura. Procurei, assim, dar uma visão sobre o que chamei de crise na prática clínica. É inegável que o trabalho apenas abre algumas direções de reflexão. Espero ter mostrado como se manifesta nas instituições e na produção teórica.

Um olhar retrospectivo acerca das articulações desenvolvidas ao longo deste ensaio demonstra que meu objetivo central foi refletir sobre certas manifestações clínicas que, de meu ponto de vista, escapam à sintomatologia clássica. Suspeitei que o inchaço nosográfico dos últimos cinquenta anos expressava, na verdade, uma tentativa equivocada de dar nomes – e para isso não faltariam palavras – para classificar e descrever uma gama de manifestações sintomáticas mal compreendidas. A própria expressão *"borderline"* prestou-se a essa função.

Busquei a aproximação da Psicanálise com as ciências sociais para relacionar certos fenômenos típicos das sociedades contemporâneas, na tentativa de melhor compreender a relação conflitiva do sujeito com o espaço social que habita. Durante todo o tempo, o sujeito de quem falamos foi um sujeito inserido em sua história, inscrito e submisso às formações inconscientes, transformando e sendo transformado pelos valores e pelas determinações socioculturais. Procurei também relacionar a sociedade atual, geradora de modalidades particulares de conduta, e a inesgotabilidade do desejo humano, com seu consequente e inexorável mal-estar. O espaço clínico, por esse mesmo motivo, transformou-se no território de escuta privilegiado dessa condição humana, ambiciosa e desafiadora de regras, sob a tolerância da coletividade.

Os textos dos autores examinados na p. 60 atestam que a comunidade psicanalítica é sensível ao tema e tem procurado refletir sobre ele, muitas vezes em uma direção que considero fecunda, isto é, incluindo a questão no contexto das sociedades contemporâneas.

Esse caminho me conduziu a estudar o conceito de anomia, na tentativa de ampliar a compreensão dessas manifestações.

A interlocução proposta entre a Sociologia e a Psicanálise foi fecunda e abriu algumas possibilidades de examinar certos sintomas de um novo ponto de vista. Durkheim e Freud são os porta-vozes privilegiados desse diálogo. Ambos viveram a passagem do século XIX para o XX. Contemporâneos, um vivia em Paris, ocupando-se dos estudos acerca da patologia social, e o outro em Viena, debruçando-se sobre o desvendamento da complexidade do conflito psíquico do indivíduo humano. Durkheim, como sociólogo, dedicou-se de maneira rigorosa ao estudo do suicídio, que é uma manifestação pertencente ao campo individual. Freud, como psicanalista, construiu sua teoria evidenciando na constituição do sujeito a implicação da relação com o outro. Os universos teóricos de ambos, portanto, interpenetravam-se em uma área comum de preocupações.

O conceito de anomia – que Durkheim foi buscar no século XVI no campo da História – desenvolveu-se na sociologia até chegar a uma espécie de esgotamento. Esse conceito, embora respeitado pelos sociólogos, é hoje quase ausente na produção sociológica contemporânea.

Essa extenuação parece ter sentido, já que, por se tratar de um conceito estabelecido em uma área limítrofe entre o social e o individual, seu aprofundamento depende de sua apropriação por outra área de investigação científica. Fernandes (1996), ainda no campo da sociologia, empreende essa corajosa tentativa de translação do conceito, buscando sustentação no referencial teórico lacaniano.

Cabe agora à Psicanálise a continuidade desse trabalho, na direção da superação do óbvio do inchaço nosográfico descritivo de uma diversidade sem fim de sintomas, para a apreensão profunda da dinâmica do conflito, presente no drama cotidiano dos nossos pacientes.

Essa nova abordagem permite um acolhimento maior de certas manifestações que, se interpretadas da forma tradicional, caracterizariam uma repetição do excesso de violência, na direção que Aulagnier (1979) sugere, agora no par analítico.

Para ilustrar essa nova abordagem, retomemos um pequeno fragmento de sessão do paciente Roberto, exposto no capítulo 1. Roberto mostra-se indignado com a consequência da incompetência dos técnicos: seu sangue contaminado jorrando dentro de um ônibus superlotado.

Vejamos algumas formas possíveis de intervenção clínica diante desse relato. O analista tradicional buscaria na história pregressa desse paciente uma cena em que a representação "sangue" estivesse presente para produzir uma interpretação. Outras possibilidades seriam: ampliar e movimentar sua rede simbólica com o objetivo de buscar novas traduções; ou produzir novos significantes com o objetivo de "ligá-los" na cadeia de significação. Finalmente mencionamos o recurso de vincular fortemente seu relato ao contexto transferencial e examinar os mecanismos projetivos.

De meu ponto de vista, essas intervenções tomam o relato do paciente apenas na sua dimensão de dado clínico. Essa conduta minimiza o aspecto social: detendo-se apenas na escuta da patologia do paciente, elide-se a "patologia" da sociedade, a anomia. No entanto, estamos ambos, paciente e analista, imersos nesse contexto. Não é possível sustentar a convicção de que relatos como este podem ser isolados, em uma tentativa de negar a externalidade social, que a meu ver engendra o próprio discurso que pretendemos interpretar. Assim, opta-se por suspender o juízo sobre o que escaparia ao contexto propriamente clínico.

Pensamos que essas atitudes banalizam a indignação do paciente e conformam-se com a justificativa de que tal relato pertence ao registro do imodificável, aumentando mais sua fragmentação psíquica. Nesse caso específico, privilegiamos aquilo que de sua problemática pessoal pode ser instrumentado em um "apoio" – no sentido de Laplanche (1992) – que consideramos ser o seu pedido: o direito de discriminar a loucura, ou melhor, a patologia social, manifestada na orquestração preconceituosa ou equivocada de enunciados em torno do contágio. Acredito que a sessão possa ser o único lugar a ele oferecido de legitimar sua revolta.

Alguns analistas sentem-se desconfortáveis ao permanecer na posição sugerida acima: esses estados de suspensão temporária, que tomam o relato em sua positividade imediata, podem ser facilmente confundidos com exercício equivocado do ofício. Aposto, no entanto, que encontrarei companheiros para correr esse risco.

O cenário que está por trás dessas manifestações clínicas é engendrado por uma cultura do individualismo. Muitos sociólogos vêm-se ocupando desse fenômeno, próprio das sociedades ocidentais contemporâneas. Béjar (1993) afirma que a análise do individualismo feita durante a década de 1920 refletia, de certa forma, a concepção do vínculo social durkheimiano: o autocontrole interiorizado era considerado o valor primordial para assegurar as regras sociais. Da década de 1970 para cá, o individualismo conectou-se a um vago ideal de Ego e os indivíduos, em busca de descobrimentos interiores, negligenciaram os interesses coletivos. Ainda segundo Béjar (1993), alguns sociólogos viram nesse movimento um importante enriquecimento da subjetividade. Nessa visão, o narcisismo seria um mero subproduto de uma renovada e saudável atenção por si mesmo. Esses mesmos estudiosos afirmam que os críticos do individualismo estão aprisionados em uma nostalgia do passado e de uma utopia pública impossível de ser alcançada.

Por outro lado, Sennett (1998) chama esses sociólogos de "tiranos da intimidade" e denuncia a ênfase excessiva que gravita em torno da vida privada. Para ele, o psicológico penetrou no cotidiano contemporâneo a tal ponto que a proximidade entre as pessoas constitui um bem moral e o calor afetivo agora apregoado é o nosso Deus. A solidão tornou-se uma meta a ser conquistada, e o imaginário social erigiu os solitários como ideal máximo de autonomia.

Dessa forma, a questão do individualismo permanece viva. A articulação proposta por Fernandes (1996) entre o esquema conceitual de Durkheim e a psicanálise permite que esse fenômeno seja abordado em sua dimensão clínica. No entanto, a proposta oferece dificuldades de tradução em uma técnica psicanalítica. Mas isso não significa que novas interpretações não possam ser produzidas nesse esquema: como vimos no capítulo 2, a anomia dialoga com a psicanálise por meio do conceito de Outro.

De meu ponto de vista, essa abordagem tem um ganho imediato: ela oferece uma alternativa à posição nostálgica de uma cultura clássica, centrada em ideais sociais claros, em que a autoridade está representada principalmente por instituições

ANOMIA: RUPTURA CIVILIZATÓRIA E SOFRIMENTO PSÍQUICO

tradicionais. A disputa entre civilização e barbárie (Velloso, 1997) – uma característica das sociedades contemporâneas –, na qual a segunda parece estar vencendo, pode ser vista de uma maneira menos fatalista. Para Fernandes (1996), trata-se de inventar novos modos de pensar as instituições, da família à lei e aos governos. Para nós, psicanalistas, tratar-se-ia de acolher a anomia em nossos consultórios e reinventar a prática clínica, resgatando sua dimensão revolucionária.

> Despedir dá febre [...] Razão por que fiz? Sei ou não sei [...] Só aos poucos é que o escuro é claro [...] De ás eu pensava claro, de bês não pensei não [...] Dificultoso, mesmo, é um saber definido o que quer, e ter o poder de ir até no rabo da palavra [...] mas os caminhos não acabam. (Rosa, 1984)

Referências bibliográficas

AHUMADA, J. L. A crise da cultura e a crise da psicanálise. *Revista de Psicanálise*, 4(1): 51-69, 1997.

ARON, R. *As etapas do pensamento sociológico*. São Paulo: Martins Fontes, 1995.

AULAGNIER, P. Prazer necessário e prazer suficiente. In: *Os destinos do prazer*. Rio de Janeiro: Imago, 1985.

_____. A violência da interpretação: o risco do excesso. In: *A violência da interpretação*: do pictograma ao enunciado. Rio de Janeiro: Imago, 1979.

AVENBUR, R. La clinica psicoanalítica: malestares y porvenir. Zona Erógena. *Revista Abierta de Psicoanalisis y Pensamiento Contemporâneo*, 22, 1994. Especial verano.

BÉJAR, H. *El ámbito íntimo: privacidad, individualismo e modernidad*. Madrid: Alianza Editorial, 1990.

_____. *La cultura do ego*: pasiones coletivas y afectos proprios en la teoria social. Madrid: Alianza Editorial, 1993.

BETTELHEIM, B. A Viena de Freud. In: *A Viena de Freud e outros ensaios*. Rio de Janeiro: Campus, 1991.

BIRMAN, J. *Psicanálise, ciência e cultura*. Rio de Janeiro: Zahar, 1994.

BIRMAN, J. *Estilo e modernidade em psicanálise*. São Paulo: Editora 34, 1997.

BLEGER, J. (1958) *Psicoanálisis y dialéctica materialista*. Buenos Aires: Paidós, 1963.

BRÜSEKE, F. J. *A lógica da decadência*. Cejup, 1996.

CARDIM, C. H. *Anomia, realidades e teorias*. Tese de Doutorado – Faculdade de Filosofia, Letras e Ciências Humanas da Universidade de São Paulo, 1995. 226p.

CHNAIDERMAN, M. *Ensaios de psicanálise e semiótica*. São Paulo: Escuta, 1989.

CLINARD, M. B. *Anomia y conduta desviada*. Buenos Aires: Paidós, 1967. v. 27.

CONFERÊNCIA NACIONAL DE SAÚDE, 8, Brasília, Distrito Federal, 1986. *Jornal do Conselho Federal*, Brasília, n. 9, p. 4-7, 1987, Brasília, Distrito Federal, 1992.

COSTA, J. F. *Violência e Psicanálise*. Rio de Janeiro: Graal, 1984.

_____. *Psicanálise e contexto cultural*: imaginário psicanalítico, grupos e psicoterapias. Rio de Janeiro: Campus, 1989.

DEUTSCH, H. Some forms of emotional disturbance and their relationship to schizophrenia. *Psychoanal. Q.*, 11: 301-21, 1942.

DIMENSTEIN, G. Os filhos do Ratinho. *Folha de São Paulo*, São Paulo, 22/03/98. p. 3-16.

DURKHEIM, E. (1893). *Da divisão do trabalho social*. São Paulo: Martins Fontes, 1969.

_____. (1897) *O suicídio*: estudos de sociologia. Lisboa: Presença, s/d.

ENGEL, J. V. O psicanalista, a psicanálise e o seu lugar. *Rev. Bras. Psicanal.*, 31(1): 73-88, 1997.

FERENCZI, S. (1913) Psicoanálisis: importancia del psicoanálises en la justicia y en la sociedad. In: *Obras Completas*. Madrid: Espasa-Calpe, 1981. v. 2.

FERNANDES, H. R. Um século à espera de regras. *Tempo Social*, 8(1): 71-83, 1996.

FERRAZ, F. C. O mal-estar no trabalho. In: VOLICH, R. M.; FERRAZ, F. C.; ARANTES, M. A. A. C. (Orgs.). *Psicossoma II*: psicossomática psicanalítica. São Paulo: Casa do Psicólogo, 1998.

FERREIRA, A. B. H. *Novo dicionário Aurélio*. 2. ed. São Paulo: Nova Fronteira, 1986.

FIGUEIRA, S. A. *Perspectivas da psicoterapia psicanalítica na atualidade*: características da clínica psicanalítica atual. São Paulo: IDusp, 1997.

FISHMAN, M. El "borderline": ese impertinente. In: FISHMAN, M. et al. *Momentos cruciales de la experiencia analitica*. Buenos Aires: Manantial, 1987.

FOLHA de São Paulo, 1998a, Os alunos vivem atrás das grades em São Paulo. São Paulo, 19/04/98a. p. 31-33.

_____. 1998b, Pesquisa da Universidade de Brasília. São Paulo, 19/04/98b. p. 33.

_____. 1998c, O traficante é a própria professora de português. São Paulo, 24/04/98. p. 33.

FOUCAULT, M. *Microfísica do poder*. Rio de Janeiro: Graal, 1982.

FREUD, S. (1895). Projeto para uma psicologia científica. In: *Edição Standard Brasileira das Obras Psicológicas Completas*. Rio de Janeiro: Imago, 1974. v. 1.

_____. (1913a) Totem e tabu. *Op. cit.*, v. 13.

FREUD, S. (1913b). O interesse científico da psicanálise. *Op. cit.*, v. 13.

_____. (1919). Linhas de progresso na terapia psicanalítica. *Op. cit.*, v. 17.

_____. (1927). O futuro de uma ilusão. *Op. cit.*, v. 21.

_____. (1930). O mal-estar na civilização. *Op. cit.*, v. 21.

_____. (1932-1936). Novas conferências introdutórias sobre psicanálise (35ª Conferência: a questão de uma *weltanschauung*). *Op. cit.*, v. 22.

GALENDE, E. *Psicoanálisis y salud mental*: para una crítica de la razón psiquiátrica. Buenos Aires: Paidós, 1990.

GAY, P. Sigmund Freud: um alemão e seus dissabores. In: SOUZA, P. C. (Org.). *Sigmund Freud e o gabinete do Dr. Lacan*. São Paulo: Brasiliense, 1989. p. 3-6.

GIDDENS, A. *Capitalismo e moderna teoria social*: Marx, Durkheim, Max Weber. Lisboa: Presença/Martins Fontes, 1976.

GROTSTEIN, J. et al. *El paciente borderline*: conceptos emergentes en diagnosis, psicodinámica y tratamiento. Buenos Aires: Catari, 1992. v. 1.

HERRMANN, F. *Andaimes do real*: uma revisão crítica do método da psicanálise. São Paulo: EPU, 1979.

_____. Mal-estar na cultura e a psicanálise no fim de século. In: JUNQUEIRA F., L. C. (Coord.). *Perturbador mundo novo*: história, psicanálise e sociedade contemporânea (1492-1900-1992). São Paulo: Escuta, 1994.

LACAN, J. *A relação de objeto*. Rio de Janeiro: Zahar, 1995.

_____. *Les non-dupes errent* (Os não tolos erram). Seminário 21, fascículos 1, 2, 3, jul. 1995. [xerox].

LAPLANCHE, J. Esclarecimento sobre o apoio: sua verdade: a sedução. In: *Novos fundamentos para a psicanálise*. São Paulo: Martins Fontes, 1992.

LAPLANCHE, J.; PONTALIS, J. B. *Vocabulário da psicanálise*. Lisboa: Moraes, 1970.

MALCOLM, R. Como-si: el fenomeno del no aprendizaje. In: *Libro Anual de Psicoanálisis*. Londres-Lima, British Psycho-Analytical Society/ Psicoanalíticas Imago S. R. L., 1990.

MANNONI, O. O divã de Procusto. In: McDOUGALL, J. (Org.). *O divã de Procusto*: o peso das palavras, o mal-entendido do sexo. Porto Alegre: Artes Médicas, 1991.

MERTON, R. K. Anomie, anomia e interacción social: contextos de conducta desviada. In: CLINARD, M. B. (comp). *Anomia y conduta desviada*. Buenos Aires: Paidós, 1967. v. 27.

_____. *Sociologia, teoria e estrutura*. São Paulo: Mestre Jou, 1970.

MEZAN, R. *A vingança da esfinge*: ensaios de psicanálise. São Paulo: Brasiliense, 1995.

_____. Viena e as origens da psicanálise. In: PERESTRELLO, M. (Org.). *A formação cultural de Freud*. Rio de Janeiro: Imago, 1996.

_____. As concepções freudianas em 1907. In: *Escrever a clínica*. São Paulo: Casa do Psicólogo, 1998.

PARSONS, T. Émile Durkheim III: el desarollo de la teoria del control social. In: *La estrutura de la accion social*. Madrid: Guadarrama, 1968. v. 1.

PAZ, C.; PELENTO, M.; PAZ, T. O. Evolución historica de la noción de caso fronterizo. In: *Estruturas y estados fronteirizos en niños, adolescentes y adultos*. Buenos Aires: Nueva Visión, 1976.

PELLEGRINO, H. Pacto edípico e pacto social. In: PY, L. A. (Org.). *Grupo sobre grupo*. Rio de Janeiro: Rocco, 1987.

_____. Instituição, linguagem, liberdade. In: *A burrice do Demônio*. Rio de Janeiro: Rocco, 1988.

PERESTRELLO, M. *A formação cultural de Freud*. Rio de Janeiro: Imago, 1996.

RODRIGUES, J. A. (Org.). *Émile Durkheim*. São Paulo: Ática, 1995.

ROJAS, M. C.; STERBACH, S. *Entre dos siglos*: una lectura psicoanalitica de la posmodernidad. Buenos Aires: Lugar, 1994.

ROSA, J. G. *Grande sertão*: veredas. Rio de Janeiro: Nova Fronteira, 1984.

ROUDINESCO, E. *Jacques Lacan*: esboço de uma vida, história de um sistema de pensamento. São Paulo: Companhia das Letras, 1994.

SENNETT, R. *O declínio do homem público*: as tiranias da intimidade. São Paulo: Companhia das Letras, 1998.

TRUFFAUT, F. *O homem que amava as mulheres*. Rio de Janeiro: Imago, 1995.

VELLOSO, M. A. F. *A anomia na perspectiva do século XXI*. [Apresentado no 8º Congresso Brasileiro de Psicoterapia Analítica de Grupo. São Paulo, 1994]. [xerox].

_____. *Olhando para o século XXI; uma visão do mundo globalizado*. São Paulo, 1997. Disponível em: <http://www.interpsic.com.br>

Impresso por :

Graphium
gráfica e editora

Tel.:11 2769-9056